JÜRGEN H. KRENZER

UNFILTRIERT

GEDANKEN EINES KOCHS

W0177084

parzellers BUCHVERLAG

IMPRESSUM

ISBN 978-3-7900-0561-5

©2021 by Parzellers Buchverlag, Fulda

Design, Layout und Covergestaltung,
Zeichnungen und Erstlektorat: Imme Vogel

Umbruch und Grafik: Peter Link

Fotos: Jürgen H. Krenzer

Druck und Verarbeitung: Rindt-Druck, Fulda

INHALTSVERZEICHNIS

Mise en Place

Unter „Mise en Place" versteht man in der Gastronomie die Vorbereitung des Arbeitstages, der aus den Service-Zeiten besteht. „Mise en Place" heißt übersetzt bereitstellen oder vorbereiten, und findet statt, wenn der Gast noch nicht da ist. Überhaupt findet in der Gastronomie vieles statt, wenn der Gast noch nicht da ist. Deshalb bekommt dieser auch gar nicht mit, wie viel Arbeit in einem guten Gericht steckt. Aber das ist ein anderes Kapitel. Ich muss weiter. Es gibt auch Köche, die behaupten, „Mise en Place" sei etwas für Feiglinge. So war ich in meinen wilden Jahren auch drauf. Heute weiß ich, dass man Zukunft durchaus vorbereiten kann.

Genau um diese neue Zukunft geht es in diesem Buch. Das Thema Nachhaltigkeit wird seit Jahren in den Medien verheizt. Gehen wir doch einfach mal ein paar Jahre zurück und schauen, wo Nachhaltigkeit herkommt. Sie kommt aus Zeiten, da hatte der Mensch noch eine Feuerstelle. Ja ich weiß, diese Zeiten der offenen Feuerstelle sind lange vorbei. Sie existieren leider nur noch in der Lagerfeuerromantik im Urlaub. Aber es gab sie. Diese Zeit, als die ganze Familie, Freunde und Bekannte zusammen am Feuer saßen oder standen. Sie haben dort gekocht, gegessen, geredet und gearbeitet. Gelebt. Wie machen wir das heute? Nun ja, gekocht wird so gut wie gar nicht mehr. Zumindest was ich, der gelernte Koch, unter Kochen verstehe. Wir essen oftmals einfach nur zwischendurch. Gerade jetzt ist das To-Go-Essen im Lockdown 2.0 wieder absolut „en vogue". Leider.

Gearbeitet wird, um Zeit zu gewinnen und Geld zu verdienen. Zeit, die wir hinterher mit unserem hart verdienten Geld totschlagen. Miteinander geredet wird mittlerweile immer seltener. Heute heißt es chatten und geht über die sozialen Medien und ihre Accounts. Selbst unter Ehepartnern.

Sicher bin ich nicht der Erste, der sich diese Schlüsselfragen stellt:
Wo sind wir eigentlich hingekommen?
Wollten wir wirklich dahin?
Wollen wir wirklich so weitermachen?
Und das Ganze dann eben noch in BIO?
Ist jetzt nicht eine gute Zeit für jeden einzelnen, die Uhr ein wenig zurück-, anstatt kollektiv durchzudrehen?

Reflektiere doch einfach mal:
Bin ich zu schnell unterwegs?
Zu sehr getrieben von dem, was alle tun oder müssen?
Bin ich schon materiell abhängig geworden?
Und ein Junkie der Konsumgesellschaft?
Das Rad zurückdrehen, oder zumindest mal anhalten, das wünsche ich mir.
Apropos Rad: Der Begriff Hamsterrad wird auch stark überstrapaziert. Denn in Wahrheit ist es nicht das Hamsterrad, sondern das Menschenrad. Und das ist unsere Erfindung.

In meinem Buch mache ich mir Gedanken, wie wir in Zukunft leben können. Wie wir ein einfacheres, aber erfüllteres Leben führen können. Ich, der Koch, bin jetzt im zarten Alter von 55 Jahren. Mein erstes Leben ist vorbei, denn ich habe so langsam erkannt, dass es endlich ist. Und genau in 2020 hat mein zweites Leben begonnen. Ein Leben als Koch. Wieder mal.

Ja genau, das ist mein Erstberuf, damit habe ich angefangen. Das hat mich geprägt. Im Laufe meines Lebens habe ich diesen wunderbaren Beruf verlassen und viele andere Dinge getan.

Ich will nicht sagen, dass diese Dinge mir keine Freude gemacht haben, ich habe sie gerne getan. Jetzt koche ich wieder, aber viel intensiver. Denn einfach nur zu kochen, das hat mich früher nicht erfüllt. Koch ist ein wunderbarer Beruf, der eine Berufung ist. Damals wollte ich hoch hinaus und ich hatte sehr ambitionierte Ziele. Ich war unterwegs. Viel unterwegs. Als Redner, Coach, Seminarleiter, Berater, Produkt- und Markenentwickler und vieles mehr. Und nun merke ich, dass mich drei Dinge ganz besonders erfüllen: Kochen, Bierbrauen und Weinkeltern. Einfache, handwerkliche Dinge, die heute leider nicht mehr so angesehen sind. Glaubst du nicht? Das kannst du ganz einfach am Preis festmachen, der für gutes Essen, handgemachte Biere und leidenschaftlich erzeugte Weine abgerufen wird.

Mein Name ist Jürgen H. Krenzer und ich finde es klasse, dass du dieses Buch liest. Und ja, ich bin Künstler. Denn ich lebe von kreativen Dingen, von denen man theoretisch nicht leben kann. Mir ist es auch völlig scheißegal, ob du mein Buch gekauft, geklaut oder ausgeliehen hast. Schön, dass du mich und meine Gedanken eine Weile begleitest. Wir werden bestimmt viel Freude zusammen haben.

Eines noch: Du musst dieses Buch nicht von Anfang bis Ende lesen. Das mache ich auch nicht. Dieses Buch ist so konzipiert, dass du, wenn du Hunger auf ein paar neue Gedanken, Ideen und Rezepte hast, einfach blind ein Kapitel aufschlagen kannst.

Genau – Rezepte sind auch drin. Menschen lieben Rezepte. Du doch auch, oder? Wusste ich es doch! Weißt du, warum Kochbücher so beliebt sind? Genau deswegen. Ich möchte Gedanken weitergeben. Manchmal sind es Gedanken zum Kochen. Manchmal Gedanken für die Seele. Manchmal auch Kochrezepte für die Seele. Soulfood. Viel Spaß mit diesem Buch. Du wirst es lieben.

Dein
Jürgen H. Krenzer

P.S. „Mise en Place" steht, der Service kann beginnen, die Gäste können kommen! Schön, dass du mit dabei bist!

Work-Life-Bullshit

s ist der 15. Dezember 1988. Als junger Koch und frisch gebackener Diplom-Hotelbetriebswirt kehre ich in meine Heimat, die Rhön, zurück. Um im zarten Alter von 23 Jahren den elterlichen Betrieb zu übernehmen. Ich laufe durch die schneelose Landschaft. Und ich mache mir Gedanken über meine Arbeit und mein Wirken in der Heimat. Hier gibt es nur 08/15-Gasthöfe und Hotels. Unser Gasthof „Krone" ist einer davon, einer von knapp 500. Ein Gasthof mit Jäger-, Zwiebel- und Zigeunerschnitzel sowie Toast Hawaii auf der Speisekarte, behaglichen Fremdenzimmern und freundlichen Bedienungen. In den Jahren zuvor hatte ich lernen müssen, dass man in der Gastronomie keinen Spaß hat. Besonders ich nicht. Mein Vater starb, als ich Teenager war. So musste ich schon mit 14 Jahren im Betrieb aushelfen. Freie Wochenenden? Fußballverein? Mitnichten! Und meine Mama kämpfte bis an die Grenzen ihrer körperlichen Belastung. Und sie schaffte es tatsächlich, den Betrieb fast schuldenfrei an mich zu übergeben. Allerdings war ein recht großer Investitionsstau angefallen.

Was will ich eigentlich?

Als ich so durch die Rhön laufe, weiß ich nicht so recht, was ich mit dem Betrieb anfangen soll. Hier, am Ende der Welt, an den Grenzen zur DDR und zum Freistaat Bayern. Wo kaum jemand freiwillig hinkommt. Naja, einige Gäste gibt es schon, die wegen der Zonengrenze in die Rhön fahren. „Grusel-Tourismus" nenne ich das.

Ich frage mich: Was will ICH eigentlich? Und fange an zu träumen. Ich träume, dass Gastronomie Spaß macht. Ich träume davon, nette, tolle und begeisterte Gäste haben. Ich träume davon, dass wir die fähigsten und bestgelaunten Mitarbeiter der Rhön haben. Und ich träume davon, einfach nur das zu machen, auf was ich Lust habe. Lust, diese landschaftlich einmalige Region hier zu inszenieren. Mit allem, was sie hergibt. Auf dem Teller. Im Glas. Einfach überall.

Ich wollte nie etwas tun, nur um Geld zu verdienen

Stopp! Das geht doch nicht! Man stelle sich mal vor, jeder Mensch auf dieser Welt oder in unserem Land würde das tun, was ihm Spaß macht. Wo kämen wir denn da hin? Diese Frage ist ja beliebt, um innovative Ideen, Konzepte und Projekte gleich im Keim zu ersticken. Aber: Wo kämen wir denn hin, wenn nicht

irgendwann einmal einer hinginge, um nachzuschauen, wie es wäre, wenn man denn mal hingegangen wäre?

Ein großer Teil des Traumes bestand natürlich damals auch mit der Aussicht, mir als Wirt eine Existenz aufzubauen. Also gut, reden wir mal über Geld. Das war mir nicht wichtig. Wohl wissend, dass man schon Geld verdienen muss. Aber mein Traum sah nur vor, dass die Einkünfte reichen würden. Reichen, um die Mitarbeiter ordentlich zu bezahlen. Reichen, um meinen Lebensunterhalt zu bestreiten. Reichen, um eine Familie zu gründen und gesund zu ernähren.
Hier in der Region braucht man viel Begeisterung, aber eigentlich gar nicht so viel Geld. Denn die Lebenshaltungskosten sind niedrig. Ich wollte also nie etwas tun, um vordergründig Geld zu verdienen. Aber ich wollte ein allseits glücklicher und zufriedener Mensch sein. Wer ist das schon?

Ich habe mir meine eigene Welt aufgebaut
Heute ist der 11. November 2020. Aus dem kleinen 08/15-Gasthof ist „krenzers rhön" entstanden. Eine ganz besondere Welt aus Äpfeln und (Rhön-)Schafen. Meine Welt. Unsere Welt. Hier sprüht jeder vor Begeisterung für die Rhön. Eben keine normale Gastronomie. Und kein normales Hotel. Und keine normale Apfel-Kelterei. Wer hätte das vor 32 Jahren gedacht?

Es ist kein einfacher Weg, den wir gehen. Weit weg vom Mainstream ein neues Unternehmen aufzubauen, das bereits in den 90er Jahren mit Bio-Produkten und konsequent regionaler Ausrichtung bei so manchem Gast für Kopfschütteln sorgte. Seit dem Tod meines Vaters und den folgenden harten Zeiten für meine Mama wusste ich, dass ich niemals der typische Gastronom werden würde. Aber die Verlockungen sind groß, den einfachen, normalen Weg zu gehen. Oft auch den Weg des schnellen Geldes. So manches Mal gehe ich auch Umwege. Aber ich finde immer wieder den Weg zurück in die Spur.

Mit einem kleinen Ego lebt es sich leichter

Als ich zum Beispiel für meinen Apfel-Sherry verlockende Angebote von Gourmet-Großhändlern bekomme, werde ich fast schwach. Und führe endlose Diskussionen mit meiner Familie. Denn natürlich freut man sich, wenn man mit seinem Produkt bei Dallmayr, Käfer & Co. im Regal steht. Dabei verdrängt man, dass man große Rabatte geben muss und eine Abhängigkeit zu einem großen Kunden entsteht, um gelistet zu sein.

Wo andere eine Flasche Schampus aufmachen würden, sage ich ab. Und ich erinnere mich an folgenden Satz: „Je größer das Ego, umso schwerer das Leben!" Also halte ich mein Ego klein (ich gebe zu, das ist nicht immer leicht) und entscheide mich für ein leichteres Leben als Mensch und Unternehmer.

Work-Life-Balance? Bullshit!

Wenn ich jetzt in der Fachliteratur blättere, dann komme ich an diesem merkwürdigen Begriff Work-Life-Balance nicht vorbei. Leider! Denn es ergibt für mich keinen Sinn, hart zu arbeiten und wenig Freude dabei zu haben. Aber viel Geld zu verdienen. Geld, das eigentlich Schmerzensgeld ist. Und mit dem dann das Hobby oder die wahren Neigungen finanziert werden. Nur weil man nicht den Mut hat, seine Leidenschaft zum Beruf zu machen.

Ich spreche hier für das Unternehmertum: Wenn ich etwas tue, was ich eigentlich nicht gern tue, nur um Geld zu verdienen, brauche ich natürlich auch viele Erholungspausen. Pausen, die ich oftmals nicht habe. Pausen, die dann später in edlen Wellness-Hotels oder Spezial-Kliniken teuer erkauft werden müssen. Mache ich aber von Anfang an etwas, bei dem ich aufleben und meinen Traum verwirklichen kann, dann ist das nicht wirklich Arbeit. Es ist auch nicht wirklich Freizeit. Ich nenne es einfach Leben. Mein Leben. Ich habe nur eines.

15

WENN DICH ALLE

FÜR DEINE IDEEN

AUSLACHEN

16

DANN BIST DU AUF DEM

RICHTIGEN WEG

Hirt & Wirt

„Herr Krenzer, wenn sie das Rhönschaf auf die Speisekarte setzen, dann können sie es vor dem Aussterben retten!"

Diese Worte klingen mir nach 29 Jahren immer noch so im Ohr, als wäre es gestern gewesen. Wir sitzen zu dritt nach Feierabend in meinem Gasthof an einem kleinen Tisch in der halbdunklen Wirtschaft. Ein Regionalentwickler, ein Schäfer und ein Koch. Dazu Apfelwein, Apfelsherry und Rhönbier. Der Regionalentwickler, sein Name ist Dieter Popp (er sollte später zu einem väterlichen Freund werden), schaut mich an und sagt:

„Sie werden einmal der bekannteste Schafwirt Deutschlands!" Ich schaue auf den Pegelstand seiner Gläser. Hat der Typ schon so viel intus? Mir ist das peinlich. Und ich glaube eh nicht dran. Aber es gibt einen Menschen, der an dich glaubt. Irgendwie schon ein schönes Gefühl. Kannte ich bisher nicht. Der Schäfer, sein Name ist Josef Kolb, sagt nichts. Er ist, im Gegensatz zu uns beiden Hessen die hier am Tisch sitzen, ein Franke von der anderen Seite der Rhönberge. Und Franken gelten als ruhig, bodenständig und zurückhaltend. „Bassd schoh" (übersetzt: Das passt schon, oder ist in Ordnung) ist ihre Laola-Welle.

An diesem Abend vereinbaren wir eine wunderbare Zusammenarbeit, die letztendlich eine regionale Wertschöpfung von einer halben Million Euro generieren wird. Und so nebenbei eine alte Haustierrasse wie das Rhönschaf vor dem Aussterben rettet. Artenschutz per Speisekarte. Und als Zusatzeffekt lernen Vertreter zweier sehr unterschiedlicher, deutscher Volksstämme sich besser kennen und schätzen. Aber von alledem haben wir bei diesem geschichtsträchtigen Treffen keine Ahnung.

Doch aller Anfang ist hart. Der Preis des Rhönschaf-Fleisches beträgt das Dreifache des importierten und sehr beliebten Neuseeland-Lamms. Du kannst aber nicht den doppelten oder gar dreifachen Preis für ein Gericht im Gasthof verlangen. Oder doch? Mir fehlt dazu noch der Mut. Also braucht es eine Idee. Die ergibt sich plötzlich von alleine. Denn im Gegensatz zum Blöktier aus Neuseeland, wo ich Keule oder Rücken ordern kann, muss beim Rhöner Pendant das ganze Tier verarbeitet werden. Damals völlig ungewöhnlich. Heute ein Trend. Merke: Ein Trend ist es immer dann, wenn aus Deutsch Englisch wird. Früher: Verwertung des ganzen Schlachtkörpers. Heute: From nose to tail. Unsere grandiose Idee heißt: Lammbratwürste! Das ist neu, weil es Anfang der 90er Jahre lediglich Bratwürste aus Schweinefleisch gibt. Also werden wir zu Produktentwicklern. Da wir dies nicht im Hauptberuf sind, werden dafür die freien Tage, Abende und Nächte geopfert.

Nach meinem Feierabend wage ich mich nachts über die unbewachte hessisch-fränkische Grenze. Die konspirativen Treffen in der Wurstküche von Eberhard (Papa von Josef) dienen der Kreation einer ultimativen Lammbratwurst-Rezeptur. Es wird gewurstelt, getüftelt, mit Gewürzen experimentiert, gebraten und verkostet. Und wieder verworfen. Und dann erst einmal ein fränkisches Bier getrunken. Reset. Alles auf Null. Nächste Woche wieder. So geht das über Wochen, es macht uns großen Spaß. Als die Bratwurstrezeptur endlich steht (bis heute fast nicht verändert), kreiere ich dazu einen Birnen-senf. Die Lammbratwurst kommt sofort mit einem leckeren Kartoffel-Lauchgemüse und gerösteten Brotwürfeln auf die Speisekarte. Und wird für lange Zeit zum beliebtesten Gericht auf unserer Speisekarte. Es wird ein Pionier für weitere neue Lammgerichte, wie zum Beispiel den Rhönlamm-Tiegel oder die Hirtenpfanne.

Neben dem kulinarischen Aspekt kommt jetzt die nachhalti-ge Seite dieser Zusammenarbeit ins Spiel. Jeden Monat be-komme ich für ca. 2.000 Euro Rhönschaf-Fleisch. Und wie bei jeder bezahlten Rechnung ist das Geld dann weg. Naja, das stimmt nicht ganz. Es ist nicht weg. Sondern nur woanders. Während ich bei einem Einkauf im Großmarkt nicht genau weiß, wo die Kohle hinwandert, weiß ich es hier ganz genau.

20

Das Geld kommt bei Josef an. Und fließt bei ihm als beken-nender Regionalaktivist in die Rhöner Wertschöpfungskette. Er baut mit einheimischen Handwerkern moderne Stallungen, erweitert seinen Hof um eine nachhaltige Geflügelzucht mit Zweinutzungshühnern und Gänsen und baut einen kleinen La-den. Er investiert in Schlacht- und Verarbeitungsräume, Kühl-anlagen und vieles mehr. Er kauft sich keinen Porsche, keine Immobilie in Würzburg und hat auch keinen Pool im Garten oder Leichen im Keller. Soweit ich weiß. Denn das wäre für ihn nicht nachhaltig. Und das läuft jetzt schon 28 Jahre so. Alleine der Wertschöpfungs-Transfer zwischen Josef und mir beträgt in etwa 500.000 Euro. Und die bleiben zum größten Teil in der Region. Damit investiert mein Lieferant in Qualität und Trans-parenz. Und meine Gäste freuen sich, wenn sie über uns einen Besuch auf diesem vorbildlichen Biohof buchen können. Al-lerdings ist es mit der halben Million an Wertschöpfung nicht getan. Denn Josefs Auftragnehmer investieren ihr erhaltenes

Geld auch weiter in der Region. Und ich nehme die Umsatz-
erlöse aus den verkauften Rhönschaf-Gerichten und investie-
re ebenfalls. Zum Beispiel in Gästezimmer, die von meinem
Rhönholzveredler Dominik gebaut werden. Der wiederum hat
einen Betrieb mit über zehn Mitarbeitern und kauft sein Holz
fast ausschließlich in der Rhön. Wovon wiederum die heimi-
sche Forstwirtschaft durch gute Preise profitiert.

Deshalb ist eine Monatsrechnung von meinem Freund Josef
für mich keine Rechnung. Sie ist ein regionales Investitions-
Zertifikat. Stellt Euch jetzt mal vor, wir würden das alle so machen. Oder zumindest die, die es können.
Das wäre schon geil, oder?

Lammkroketten vom Rhönschaf

Danke, lieber Marc für dieses geniale Rezept! Vor über 10 Jahren hast du es zu uns in „krenzers rhön" gebracht. Es wurde nach deinem Weggang von Koch zu Koch weitergegeben. Allerdings gab es auch den einen oder anderen, der diese Kroketten nicht mit Leidenschaft hergestellt hat. Das ist scheiße. Genauso scheiße wie Köche, die keinen Bock auf Kochen haben. Hatte ich auch schon. Nicht schön.

Egal, irgendwann habe ich mir das Rezept geschnappt und zum ersten Mal Lammkroketten selbst gemacht. Seitdem bin ich abhängig. Aber so was von…

Wenn du dich auf die Produktion von Lammkroketten einlässt, solltest du richtig Bock drauf haben. Am besten, du nimmst dir dazu deinen besten Freund oder Freundin, ihr macht ein gescheites Getränke-Mise-en-Place und dann geht's los. Hat so was von Schlachtfest 3.0.

Hier nun die vereinfachte Variante des Rezepts für ca. 30 Stück, das hängt natürlich von der Größe ab, logisch.

Das benötigst du dafür:

— 400g Lammfleisch aus Schulter, Nacken oder Bauch

— 50g Zwiebelstreifen

— Salz nach Gusto und eine sehr gute Prise Rohrzucker
(frag mich jetzt bitte nicht, was eine sehr gute Prise ist)

— Pfeffer in Schwarz, sowie Beifuß, Majoran, Rosmarin

Pesto
(selbstgemacht
oder selbstgekauft
beim Dealer deines
Vertrauens)

BSP FOTO

23

**Farce +
Reis +
Bums**
(ganz wichtig!)

- Thymian, Ingwer und natürlich Knoblauch

- Kümmel sollte auch rein (am besten gemahlen, dann sieht man ihn nicht. Es gibt Leute, die wollen Kümmel nicht sehen. Die mögen nämlich Kümmel nicht. Und die kommen auch nicht aus der Rhön. Bei uns ist überall Kümmel drin. Wir essen auch Kümmelbrot mit Honig drauf, völlig normal...)

- Und ganz wichtig: Piment. Ich liebe Piment!

- 15g Petersilie (auch die Stängel, kann aber gerne viel mehr sein, gibt einen wunderbaren Geschmack)

- 100g Dinkelreis gekocht

Und so geht's:

100g Lammfleisch wegnehmen und daraus eine Farce machen. So heißt das bei uns in der Küche. Ist nichts anderes als eine sehr feine Hackfleischmasse. Also nicht so eine Art Komödie wie bei Wikipedia. Es reicht vollkommen, wenn du die zweimal durch den Fleischwolf jagst. Vorher etwas würzen, zumindest mit Salz und Pfeffer. Geschmack von Anfang an ist ein ganz wichtiges Prinzip meiner Küche.

Jetzt den Rest der klein geschnittenen Lammfleischstücke anwürzen und in der Pfanne in heißem Öl anbraten. Zwiebeln, Knoblauch und Petersilie dazugeben und kurz mitrösten. Röstaromen sind wichtig!

Anschließend mit dem in reichlich Salzwasser abgekochten Dinkelreis einmal durch den Fleischwolf drehen. Wenn die Masse abgekühlt ist, mit der sogenannte Farce (also dem ganz fein gehäckseltem Lammfleisch) mischen. Richtig gut abschmecken. Die Krokettenmasse muss Bums haben!

Jetzt längliche Kroketten formen (können natürlich auch rund, drei- oder sechseckig sein) und mit Mehl, Ei und Semmelbrösel panieren. Das heißt in der Fachsprache übrigens „Panierstraße". Mir ist das zu umständlich, ich bevorzuge die Panier-Autobahn. Hierbei verrühre ich Ei und Mehl, schmecke leicht mit Salz und Thymian ab und wende danach im Paniermehl. Einen Arbeitsgang gespart. Mehr Zeit, um hierzu einen ApfelSherry „Klassik halbtrocken" zu trinken.

Der schmeckt dann auch wunderbar zur ersten Probekrokette, die du in tiefem Fett ausbackst bzw. frittierst. Nenne es, wie du willst. Hauptsache, es ist lecker.

Dazu passt super ein selbst gemachtes Pesto. Muss aber nicht. Wenn du die Krokette gut abgeschmeckt hast, ist sie pur eh am besten.

25

Tipps,
um nicht gut
durchs Leben
zu kommen

26

Sei brav.

Passe dich an.

Falle nicht auf.

Vermeide Ausschläge
nach oben und unten.

Und lass deine Emotionen stecken.

DIE MEISTEN MENSCHEN

STEHEN SICH
SELBST IM WEG

UND DAS IST AUCH

MEISTENS

GUT SO

Die Ernährungssalafisten

ontag, 12. August 2019, 21.45 Uhr. Gut gelaunt mache ich einen Feierabend-Rundgang durch krenzers rhön. Als ich in der Küche ankomme, stutze ich. Meine beiden Köche, Kay und Lucas, die um 15.30 Uhr mit bester Stimmung ihre Schicht begonnen hatten, stehen frustriert an ihrem Arbeitsplatz. Da die beiden normalerweise töpfe- und pfannenweise gute Laune verbreiten, frage ich, was los ist. Die Antwort überrascht mich nicht wirklich.

Meine Köche fühlen sich vorgeführt

Den beiden hat eine Dame, die eine Laktose-Unverträglichkeit hat, gehörig auf den Köchemagen geschlagen. Die Kartoffelsuppe musste entgegen unserer Originalzubereitung ohne Milch und Schmand sein. Sie wurde also noch einmal neu gekocht, was ein beträchtlicher Aufwand im Abendgeschäft ist. Im Hauptgang durfte es für die Dame aber schon die leckere Sahnesoße sein. Meine Köche fühlen sich regelrecht vorgeführt und reagieren entsprechend. Es ist nicht das erste Mal, dass sie so etwas erleben. Ich versuche, die Stimmung etwas anzuheben, was mir aber nicht gelingt.

Zurück in meiner Wohnung, denke ich darüber nach, was ich gerade – und so oft in den vergangenen Wochen – erlebt habe. Und aus einer Laune heraus poste ich auf meinem privaten Facebook-Profil Folgendes:

„Aus gegebenem Anlass ein Gedanke, der mich gerade zur späten Zeit hellwach hält: Wäre es nicht eine grandiose gastronomische Geschäftsidee, auf folgende Gäste zu verzichten:

- *Vollzeit- wie Teilzeit-Allergiker*
- *Menschen mit diversen erdachten oder auch wirklichen Unverträglichkeiten*
- *Ernährungs-Salafisten und Menschen, die Ernährung zur Religion machen wollen*
- *kurzum ALLE, die dein kulinarisches Angebot nicht akzeptieren können, wollen, oder sogar sabotieren*

Das Ergebnis wäre natürlich weniger Umsatz. Oh ja. Aber ist Umsatz immer alles? Auf der anderen Seite hätten wir:

- *glückliche, gut gelaunte Köche*
- *bestens aufgelegte Menschen im Service,*
  die Zeit haben, sich auch um die anderen Gäste
  hingebungsvoll zu kümmern

- *Genussgäste pur, weil die Frustrierten, Wichtigtuer und Kranken woanders sind*
- *einen Chef, der sich trotz akutem Mitarbeitermangel in der Gastronomie vor Bewerbungen nicht mehr retten kann*
- *eine tolle Stimmung an einem tollen Ort, wo nix wehtut, was man isst. Weil der Kopf das so will.*

So. Jetzt ihr. Feuer frei!"

Es gibt Feuer

Ich habe es ja so gewollt! Die Diskussion um dieses heiße Thema wird – oh Wunder – hochemotional geführt. Befürworter und Gegner einer solchen Strategie halten sich übrigens die Waage. Es gibt sogar Boykottaufrufe, meinen Laden nicht mehr zu betreten. Viele tatsächlich Betroffene melden sich zu Wort, oftmals auch Stammkunden. Und natürlich sieht jeder erst einmal seine Sichtweise als die richtige an. Ich wollte mit diesem sehr

provokativ verfassten Beitrag ein wenig Dampf ablassen und auch Verständnis für so manch unglücklichen Mitarbeiter zeigen. Es ist aber nicht so, dass wir bisher Gäste ablehnen oder deren Wünsche nicht ernst nehmen. Ganz im Gegenteil. Aber in Zukunft werden wir nicht mehr alles möglich machen können. Auch in meinem Team wird meine Meinung zu diesem Thema diskutiert. Und nicht alle sind auf der Seite ihres Chefs. Gut so! Dann habe ich ja die richtigen Menschen um mich herum.

Der Kunde war König

Auf die Gefahr hin, noch mehr Feuer zu entfachen: Viele Kunden haben meiner Meinung nach ihr „König sein" verwirkt. Sie verlangen immer mehr Service, ohne dafür bezahlen zu wollen. Was zum Beispiel in den USA völlig normal ist. Service heißt aber in Deutschland für viele Menschen, einfach noch eine Gratisleistung on top zu bekommen. Und mit der Freundlichkeit und Empathie vieler Gäste ist es auch nicht mehr weit her. Sie stürmen ins Wirtshaus, grüßen nicht und setzen sich an reservierte Tische, die sie vorher womöglich noch umgestellt haben. Der Kundengedanke ist wahrscheinlich der: „Ich bezahle hier, also darf ich das!"

Es ist eine gesellschaftliche Herausforderung, Menschen, die andere Menschen bedienen, entsprechend wertzuschätzen. Aber in Zeiten des akuten „Mensch, ich brauch' dich hier bei der Arbeit"-Mangels (von Fachkräftemangel will ich gar nicht mehr reden) wendet sich allmählich das Blatt.

„Bitte seien sie nett zu unserer Bedienung. Noch immer sind Kellner schwerer zu bekommen als Gäste"

Nicht nur in meiner Branche wird es immer schwerer, überhaupt Mitarbeiter zu finden, geschweige denn gute Mitarbeiter. Es ist viel, viel leichter, neue Gäste zu finden. Ich mache mir im Moment viele Gedanken darüber, wie es in der Gastronomie weitergehen wird. Ich glaube, zum einen stehen wir kurz vor dem großen Knall, weil viele Betriebe schließen müssen. Sei es aus Mitarbeitermangel, Nachfolgeproblemen, Investitionsstaus, oder weil sie unter den vielen bürokratischen Reglementierungen leiden, zum Beispiel dem nicht gerade gastro-freundlichen Arbeitszeitgesetz. An Wochenenden wird in unserer Branche das Geld verdient, der Staat verhindert hier die Flexibilität.

Auf der anderen Seite öffnet sich gerade ein so noch nicht da gewesener Verkäufermarkt. Die Nachfrage nach authentischer, ländlicher Gastronomie wird wesentlich größer werden als das Angebot. Die wenigen Betriebe, die übrig bleiben, können sich in Zukunft – wenn sie gut sind – ihre Kunden aussuchen. Wenn es sich so weiterentwickelt, sind wir endlich in der Lage, angemessene Preise für unsere Dienstleistungen zu verlangen und das Einkommen unserer Mitarbeiter zu erhöhen. Schlimm eigentlich, dass es dazu erst kommt, wenn der Verkäufermarkt Realität geworden ist.

Weniger ist besser

Im Moment läuft es so: Wir wollen immer mehr Umsatz generieren. Dazu brauche ich mehr Kunden. Um die zu bedienen, brauche ich mehr Mitarbeiter. Und oft führt uns unser Streben nach mehr Umsatz zu Kunden, die wir eigentlich nicht wollen. Aber immerhin zahlen die ja. Gleichzeitig hole ich mir auf dem leergefegten Mitarbeitermarkt Menschen in meinen Betrieb, die partout nicht passen.

Das bedeutet: Viele Betriebe haben Kunden, die sie eigentlich nicht leiden können. Und die werden von Mitarbeitern bedient, die eigentlich nicht in den Betrieb passen. Und die auch keiner leiden kann. Dann stimmen zwar die Umsätze. Aber ganz andere Probleme bauen sich klammheimlich auf. Und die kriegst du irgendwann nicht mehr in den Griff. Es sei denn, du ziehst die Reißleine. Das habe ich getan!

In meiner kleinen Wirtschaft kann ich etwas ändern

Ich kann nicht unser gesamtes Wirtschaftssystem ändern. Aber in meiner kleinen Wirtschaft kann ich sehr wohl etwas ändern. Die ersten Schritte sind getan. Wir haben unsere Öffnungszeiten verkürzt sowie das Speisenangebot gestrafft und qualitativ verbessert. Wir haben für eine Viertelmillion Euro eine neue Küche installiert, die mit weniger Köchen auskommt. Nicht, weil wir keine Köche mehr bezahlen wollen. Sondern einfach, weil es keine mehr gibt. Wir werden in Zukunft auch an Weihnachten nicht mehr komplett öffnen, damit unsere Mitarbeiter dieses Familienfest genießen können. Und wir werden Schließzeiten inmitten der Saison einführen. Damit unsere Mitarbeiter auch mit ihren Kindern Urlaub machen können.

Das sind nur einige neue Maßnahmen. Letztlich werden wir unser ganzes Geschäftsmodell verändern. Und das nach 126 Jahren!

Fleischsalat

Es gibt eine einzige Sache, da ist sich meine Familie zu 100% einig. Wahrscheinlich ist es wirklich die Einzige. Immerhin.

Alle lieben Fleischsalat!

Ich meine damit den, den man beim Metzger kaufen kann. Soulfood in seiner einfachsten Form. Die Halbwertzeit im Kühlschrank: Maximal vier Stunden! Pervers lecker und völlig ungesund. Also kein Wurstsalat. Obwohl im Fleischsalat auch Wurst drin ist. Und Gürkchen. Aber Wurstsalat sieht irgendwie gesünder aus. Das war früher die Begründung meines Sohnes Max, Gemüse zu essen. Eben Gürkchen im Fleischsalat. Den Unterschied zum Wurstsalat macht die Mayonnaise. Und damit bin ich bei meinem Thema. Liebe Metzger, bitte lest hier jetzt nicht weiter. Ich kann einfach nicht die Fresse halten.

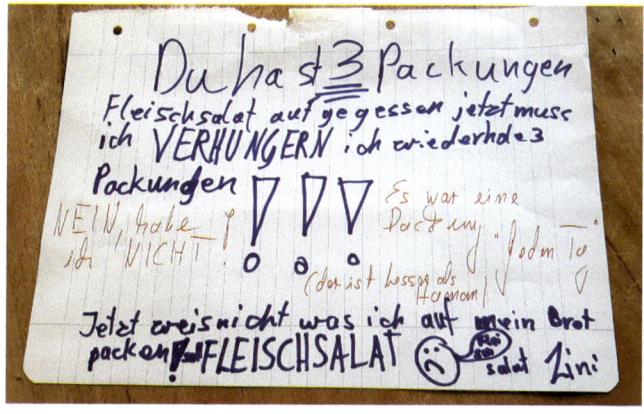

Fleischsalat ist für mich nämlich ein politisches Thema. Mein Vater war Metzger. Und dort, wo er gelernt hat, gab es den geilsten Fleischsalat des Universums. Die Zutaten? Genau drei. Wurst, Gurken und Mayonnaise. Deswegen heißt das leckere Zeug in manchen Regionen auch Mayonnaise-Salat. Das mit der Mayonnaise wird aber mittlerweile völlig missverstanden. Viele Metzger arbeiten da eher mit einer dünnen Salatsoße, auch Salatcreme genannt. Das ist angeblich nicht so schwer wie Mayonnaise.

Mayonnaise ist eine kalte Soße der klassischen Küche, die aus zwei, drei Zutaten besteht: Eigelb, Öl und Säure, sei es nun Zitrone, Essig oder was anderes. Sie entsteht durch eine Emulsion und hat mit Lecithin aus dem Ei ein natürliches Bindemittel. Wenn du sie selbst herstellst, kannst du entscheiden, welche Zutaten du nimmst. Bei Öl und Eiern gibt es ja schon Unterschiede. Und ja, echte Mayonnaise hat einen sehr hohen Fettanteil. Da kommen schon mal 80% zusammen. Deshalb schmeckt sie ja auch so gut. Scheißegal. Leider gibt es kaum noch Metzger, die Fleischsalat mit echter Mayonnaise herstellen.

Und jetzt kommt es: Viele verwenden eine Salatcreme des Marktführers Homann aus Dissen. Ich habe gerade gegoogelt, was da so reinkommt. Oh mein Gott! Die Firma Homann stellt aber auch selbst Fleischsalat her (macht ja Sinn, wenn man schon Marktführer bei der Hauptzutat ist). Und die schreiben da auf die Packung ganz frech „Metzger-Qualität". Worüber sich jetzt wiederum meine Metzger tierisch aufregen. Ich frage mich nur, warum?

Merkt ihr gerade, wie wir alle nicht nur verarscht werden, sondern uns auch selbst verarschen?

Eine Milliarde Sekunden

Mal ein nachdenklicher Text. Den ich schon im Jahr 2009 geschrieben habe. Über Erfolg. Erfolg mit Wahrheit, Verantwortung und einem Sinn-gebenden Miteinander. Das Thema ist anspruchsvoll. Wertschätzung. Meine Beispiele daher konkret. Schon im Kindergarten werden Werte vernichtet, weil viele Kinder nicht mehr von ihren Eltern beigebracht bekommen, welchen Wert mancher Gegenstand hat, der gerade von ihnen zerdeppert wird. Oder wie lange Papa und Mama dafür arbeiten müssen. Die höchste Klugheit besteht darin, den Wert der Dinge genau zu kennen. Es stimmt, den wahren Wert einer Sache kennt heute kaum noch jemand. Vielleicht noch den Preis. Und selbst den oftmals nicht. Viele, ja zu viele kennen nur die Teilzahlungsraten! Lach jetzt nicht, es stimmt. Leider!

Und alleine mit Bildung können wir das nicht lösen. Wir brauchen wieder den gesunden Menschenverstand. Der ist uns nämlich mit den Jahren völlig abhandengekommen. Beispiele gibt es zuhauf: Scheinbar niemand wunderte sich im Jahr 2001, als eine kleine Internetfirma mit einem höheren Börsenwert gehandelt wurde, als der Weltkonzern Siemens. Eigentlich sollte das zum Nachdenken anregen. Aber die Menschen lieben scheinbar Luftblasen. Und kaufen immer mehr Aktien dieser Seifenblasen-Firma. Um die Papiere hinterher über das Klo zu hängen. Gelernt haben die Menschen daraus nichts. Wie mit den Milliarden nur um sich geschmissen wird, ist beispiellos und in der Geschichte historisch. Was ist schon eine Milliarde? Wir haben alle Verhältnismäßigkeiten scheinbar bedingungslos aufgegeben.

Stell dir vor, wir stellen die Uhren um eine Milliarde Sekunden zurück. Dann landen wir im Jahr 1959! Und wo landen wir, wenn wir die Uhren dieser Welt um eine Milliarde Minuten zurückdrehen? Da kannst du dann Jesus begegnen, denn der lebte zu dieser Zeit noch. Und vor einer Milliarde Stunden könntest du endlich mal mit echten Dinosauriern auf Tuchfühlung gehen. Was für ein Erlebnis! Die Milliarden machen es möglich. Also, ich fasse mal kurz zusammen: „Gesunder Menschenverstand kann fast jeden Grad von Bildung ersetzen. Aber kein Grad von Bildung ersetzt den gesunden Menschenverstand." Darüber lohnt es sich nachzudenken.

Was bin ich wert, wenn ich keine Werte mehr besitze?
Materielle Werte sind nicht wirklich Werte. Sie sind käuflich. Austauschbar. Sie bezeugen Status. Sie sind die Indizien des Unechten. Viele Zivilisationskrankheiten des modernen Menschen sind darauf zurückzuführen. Burnout und Depressionen sind vorprogrammiert, wenn wir keine wirklichen Inhalte mehr haben. Wenn die Leere im Körper regiert. Es geht um das schnelle Geld, um die maximale Ansammlung von Vermögenswerten in relativ kurzer Zeit. Und dann? Wo bleibt der Sinn?

Als ich mit meinem Autor Georg Johannes Miller einen Verleger für unser Buch „Von der Schnitzel-Wirtschaft zum Rhönschaf-Hotel" suchte, sprachen wir bei einem hemdsärmeligen Unternehmer in Süddeutschland vor. Die Erfolgsgeschichte des Rhönschaf-Hotels der letzten 20 Jahre war ihm einfach nicht zu vermitteln. „Herr Krenzer, in 20 Jahren machen viele Millionen, manche sogar Milliarden! Und jetzt wollen sie mir die 20-jährige Entwicklung ihres Schnitzelladens mit

08/15-Produkten hin zum Marktführer der Regionalgastro-
nomie als Rhönschaf-Hotel groß verkaufen? Das können Sie
vergessen!" Ich war außer mir. Und habe ihm versucht zu vermitteln, dass Geld nicht alles auf dieser Welt ist. Das war im
März 2008, 6 Monate vor dem weltweiten Finanzdesaster.

Mehr wert als Geld ist die erfolgreiche Arbeit an einer span-
nenden, nachhaltigen Entwicklung. Für die Region, aber auch
im eigenen Betrieb. Man kann spüren, wie alles zu einem Ganzen wird, indem man in einem Jahr wächst und im nächsten
das Wachstum sichert. Wie eine Treppe eben. Doch wer wendet dieses traditionelle Modell noch an? Die meisten Betriebe wachsen schnell. Zu schnell. Und sind auch ganz schnell
wieder verschwunden. Wenn du hoch hi-
nauswillst, dann musst du lange bei den
Fundamenten verweilen. Und die
Fundamente sind die Werte. Was ist
der Zweck meines Daseins? Welchen Nutzen biete ich anderen
Menschen?

Mutter Theresa hat es einmal so
formuliert: „Lasse nie zu, dass
du jemandem begegnest,
der nicht nach der Begeg-
nung mit dir glücklicher
ist."

Funktioniert übrigens.
Gestern beim Bäcker
ausprobiert.

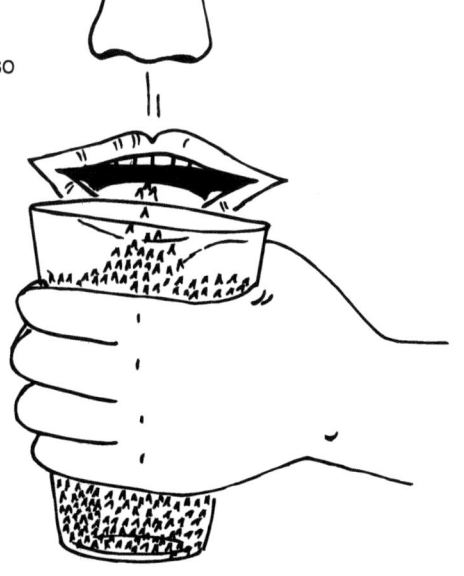

WER EIN

WOFÜR HAT

MUSS ÜBER DAS
WIE

NICHT DISKUTIEREN

Die Lebens-Mittel-Dealer

Eines vorab: Es ist keine gute Idee, Schmerztabletten mit Doppelbock zu kombinieren. Aber vor einigen Jahren versuche ich, meine starken Rückenschmerzen mit kleinen, süßen IBU 600 Tabletten in den Griff zu bekommen. Da dies ausgerechnet zur Vorweihnachtszeit passiert, gesellt sich das doch recht alkoholische Doppelbockbier dazu. Grund dafür sind die zur Weihnachtszeit exponentiell steigenden Psychopathen unter den Gästen. Das Resultat: Ich habe nachts Träume. Und was für welche! Hammer! Und ich kann mich, im Gegensatz zu sonst, bis ins kleinste Detail daran erinnern. Nicht alle sind FSK 18. Und nicht jeder sollte unbedingt publiziert werden. Dieser allerdings schon. Aber bitte nicht nachmachen! Als ich nach der letzten Szene des Traumes morgens schweißgebadet aufwache, bin ich fix und fertig. Das hat mich emotional so mitgenommen, das war unglaublich. Und ich bin überzeugt, dass das passieren wird, was du jetzt liest. Viel Spaß dabei und hol dir vorher ein Doppelbock. Ein einfacher Bock tut es auch. Aber bitte kein Pils! Und auf jeden Fall keine IBU.

Mein Traum

Heute ist der 23. Dezember 2040, 23.53 Uhr. Es ist wie immer stockdunkel in der Rhön. Und arschkalt. Wie immer eben. Daran hat sich auch nach 20 Jahren nichts geändert. Der

75-jährige Krenzer macht sich auf den Weg. Im Gepäck acht Flaschen Apfelsherry. Schon seit anderthalb Stunden ist er zu Fuß unterwegs. Um sich mit den Dealern echter Lebens-Mittel zu treffen. Das geht nur noch zu Fuß. Die Polizei kontrolliert auf den Straßen schon lange keine Alkoholsünder mehr, sondern hat sich auf das weitaus lukrativere Ermitteln gegen die sogenannten Lebens-Mittel-Dealer spezialisiert.

Dealer von Lebens-Mitteln, die mittlerweile illegal sind. Weil sie nicht den weltweiten Anforderungen industrieller, ISO-zertifizierter und staatlich regulierter Produktion entsprechen. Und nicht irgendein schwachsinniges Siegel tragen. Weil sie ja wirklich noch von Hand mit Leidenschaft und Begeisterung von Menschen gefertigt werden. Jedes Produkt ein Kunstwerk. Aber seit über 10 Jahren unzulässig! Denn solch eine

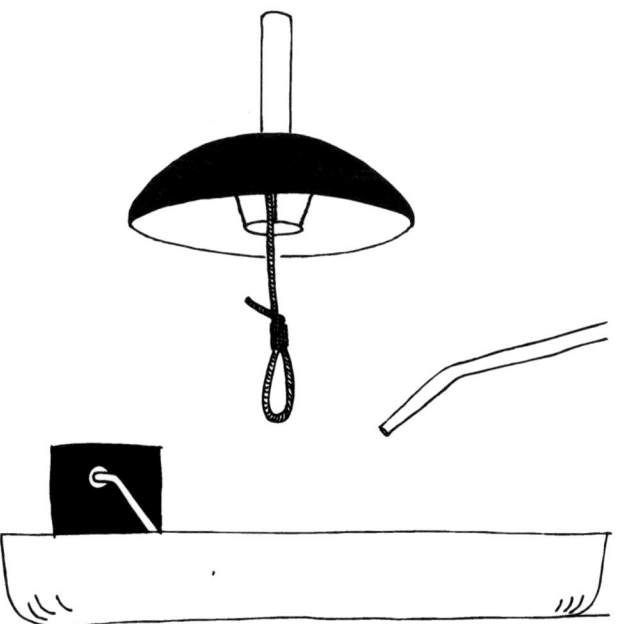

handwerkliche Lebens-Mittel-Produktion kann Menschen in Gefahr bringen. Das zumindest sagt die Welt-Gesundheits-Organisation (WHO). Und die muss es ja wissen. Die Lebensmittel-Industrie hat gewonnen. Auf ganzer Breite. Hat die Menschen in den letzten Jahrzehnten an den Massen-Lebensmittel-Müll gewöhnt. Die Menschen merken gar nicht mehr, dass sie nur noch Scheiße fressen. Wieso auch? Sie kennen leider nichts anderes mehr.

Jetzt, mitten im Rhöner Wald treffen sie sich. Die echten Junkies. Die keinen Müll in sich hineinschaufeln. Und damit schon ziemlich alt geworden sind. Es wird getauscht, was das Zeug hält. Krenzer tauscht zwei Flaschen ApfelSherry gegen zwei Liter Pacifator vom PAX-Bräu. Andreas geht übrigens auch schon auf die achtzig zu. Schnapsbrenner Claus tauscht eine Flasche Rhöner Birnenbrand gegen fünf Brote von Christof (81). Eines dieser Brote tauscht er gleich wieder gegen ein Glas Imker-Honig von Günther. Der ist schon lange tot, aber seine Enkelin dealt begeistert mit. Rhöner Wurst und Käse werden hier ebenfalls eingetauscht. Es geht zu wie in einem Tollhaus. Alle Jahre wieder der geilste Weihnachtsmarkt! Und niemand weiß davon.

Aber...
Das ist riskant! Weil ja illegal! Und die Konsequenzen sind dramatisch. Jeder der Dealer, der erwischt wird, landet für sechs Monate im Arbeitslager. Solch harte Strafen sind seitens der Regierung notwendig geworden, der Abschreckung wegen. Denn schon überall in Europa treffen sich die Menschen heimlich in den Wäldern. Und das nicht nur zur Weihnachtszeit.

Nicht jeder überlebt dieses Arbeitslager. Ein modernes Arbeitslager. Aber nicht minder grausam. Denn die „Dealer" müssen zur Strafe in großen Junk-Food-Fabriken am Fließband arbeiten. Je nachdem mit was gedealt wird, landet man beispielsweise in einem großen Geflügel-KZ. Wie Josef, der bei einer Polizeikontrolle mit Weihnachtsgänsen im Kofferraum erwischt wird. Illegal-Metzger Peter muss sechs Monate in einer großen Wurstfabrik aus Separatorenfleisch Wiener Würstchen herstellen. Dennoch kann er das Dealen nicht lassen. So wie die meisten. Als jedoch Brauer Christian in die große Bierraffinerie Ö. eingewiesen werden soll, um dort Massenbiere abzufüllen, erhängt er sich über seinem Kühlschiff.

Rhöner Bachforellen-Mus

Martin, ein selbst ernannter Gastro-Skeptiker und vor über 30 Jahren ein wichtiger Wegbegleiter, bringt es immer wieder auf den Punkt: „In der Gastronomie esse ich nichts Kleingehäckseltes. Da weißt du ja nicht mehr, was drin ist." Wo er recht hat, hat er recht. Wenn ein Küchenprodukt den Aggregatzustand wechselt, steigt oft der Kontostand des Gastronomen. Aber es wird eben auch höchst spekulativ. Das Paradebeispiel ist hier das Hackfleisch. Am besten selber machen, dann weißt du was du hast. Du solltest dann aber auch wissen, woher das Fleisch ist und wie das Tier gehalten wurde. Im Übrigen: Was für Fleisch gilt, ist für das sensible Thema Fisch noch ernster zu nehmen.

Nachstehend das Rezept von meinem Soulfood-Koch Kay für ein wunderbares Mus von der Rhöner Bachforelle. Von dem weder er noch ich 100%ig überzeugt sind. Falls dir der Fisch aber noch zu gut aussieht oder einfach zu schade ist um platt gemacht oder gehäckselt zu werden, kannst du ihn gerne auch pur verzehren. Kein Problem. Ist ja nur eine Anregung. Hier trotzdem mal das Rezept als Snack/Vorspeise/Zwischengang (für 4 Personen):

Das benötigst du dafür:

 200g Räucherforelle
(ich bevorzuge Rhöner Bachforelle, die schmeckt schon pur richtig geil)

BSP FOTO

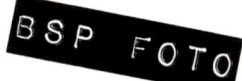

Brot
(Einen Kanten! Siehe:
Der Kantenbrotmann)

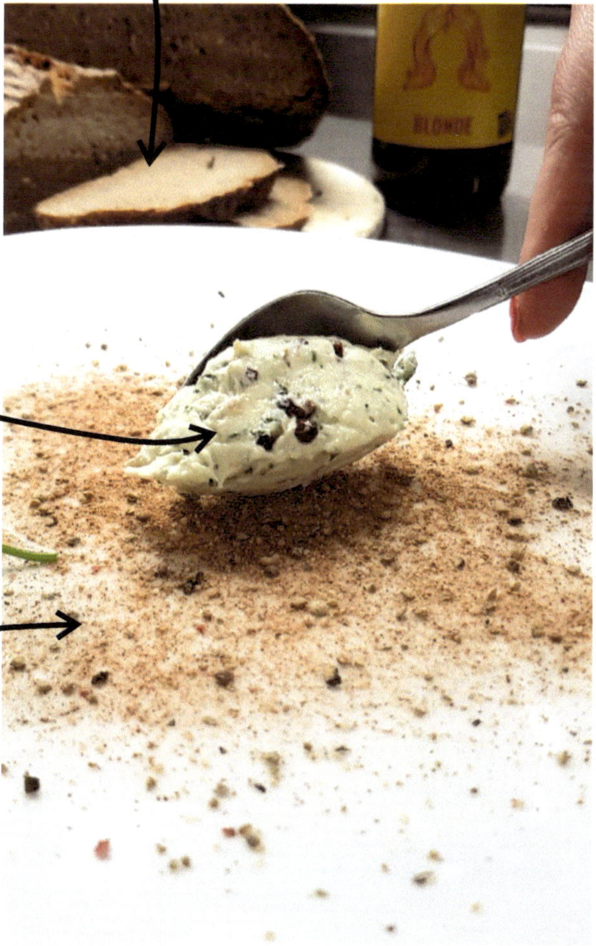

Mus

Apfel-Pfeffer
(gaaaanz viel!)

- 200g Schmand (ist eigentlich viel zu viel, ich würde es nach Gusto machen)

- 50g Mascarpone (zu wenig, können auch 100g sein, dann aber den Schmand drastisch reduzieren)

- 5g Apfelpfeffer (klingt gut, oder?)

- Kreuzkümmel, so 1 bis 3 Messerspitzen (kleines Messer bitte!)

- 20g Petersilie und 10g Dill, beides grob gehackt, kommt dann sowieso nochmal in den Mixer

- Salz nach Geschmack, aber obacht, die Räucherforelle ist schon gesalzen!

Und so geht's:

Ab mit guten Zeug in den Mixer, aber bitte nicht Vollgas geben. Auch wenn evtl. vorhandene Gräten dann keine mehr sind, macht es keinen Sinn. Etwas Struktur sollte noch vorhanden sein. Mit ApfelSherry leicht parfümieren. Perfekt. Oder?

Der kranke Wanderführer

Es gibt skurrile Situationen, die vergisst du nie! Erst recht nicht, wenn die Menschen um dich herum hektisch und nervös werden. Und wieder anfangen, Erbsen zu zählen. Und jeder dann glaubt, dass er nicht effizient genug ist. Dass er irgendwas verpasst. Dann ist diese Geschichte wieder da. Die Story vom kranken Wanderführer.

Samstag, 28. August 2010, 11.30 Uhr. Ich bin unterwegs auf meiner Lieblings-Wanderstrecke der Rhön. Ich laufe die 15 Kilometer lange Hochrhön-Tour. Allerdings nicht alleine, denn im Schlepptau habe ich meine GenussWander-Gruppe. Nach dem Start an der Schornhecke erreichen wir nach knapp einer Stunde Wanderung über den 925 Meter hohen Heidelstein unseren ersten Rastpunkt: Den Kioks am Basaltsee (Anm.: Ich hatte auf der Hotelfachschule in Heidelberg einen Lehrer, der konnte das Wort Kiosk nicht aussprechen. Seitdem sage ich selbst Kioks dazu). Den Kioks-Pächter habe ich natürlich über unsere geplante Rast informiert und die Rostbratwürstchen für unsere knapp 20-köpfige Gruppe liegen bei unserem Einlauf schon auf dem Grill.

49

Während meine motivierte Gruppe sich auf die Würstchen freut und sich auch gleich diverse Kaltgetränke an diesem Kioks geholt hat, begrüße ich den Kioks-Besitzer. Der ist ganz überrascht, dass ich persönlich vor Ort bin und schaut mich staunend an. Dann sagt er die Worte, die mir nie mehr aus dem Kopf gehen werden: „Sag mal, ist dein Wanderführer krank?" In diesem Moment schießen dir tausend Gedanken durch den Kopf. Und trotzdem bleibst du sprachlos. So auch ich. Nach einer gefühlten Minute sage ich zu ihm: „Ich habe keinen Wanderführer. Das mache ich selbst!" Jetzt ernte ich nur noch gedankliches Kopfschütteln bei meinem Gegenüber. Und ich weiß, jede weitere Diskussion ist zwecklos. Denn ein Wirt hat entweder hinter seiner Theke zu stehen oder in der Küche herumzublöken. Aber Wandern? Auch noch an einem Samstag im August? Und das mitten in der Rhön?

Ich bestelle mir ein Hefe-Weißbier und setze mich zu meinen Gästen. Und bekomme doch langsam ein schlechtes Gewissen. Mache ich etwas falsch? Lasse ich jetzt meinen Betrieb im Stich? Sind meine Mitarbeiter nicht in der Lage, auch ohne mich unsere (nicht mit mir wandernden) Gäste zu begeistern? Doch das positive Feedback meiner mit wandernden Gäste holt mich wieder auf den krenzerschen Boden zurück. Denn die wissen das sehr zu schätzen, dass ich mit ihnen wandere. Und genau deshalb haben sie diese Tour auch gebucht. Und jede Menge Spaß dabei.

Es ist ein wunderbarer Tag, an dem wir auch zwei Rhön-schaf-Herden begegnen. Und garantiert hat dieser Tag mir am meisten Spaß gemacht. Genau das darf scheinbar heute nicht mehr sein. Dass man seinen Beruf mit Freude ausübt. Dass man Emotionen zeigt. Dass die anderen das sogar noch gut finden. Heute wird doch alles eiskalt durchkalkuliert. Und jeder Kioks-Pächter weiß das. Den ganzen lieben Tag mit Gästen durch die Gegend latschen – um Gottes willen! Was könnte man in dieser Zeit in seinem Betrieb an Zusatzumsätzen generieren? Und genau das ist die falsche „Denke". Ich finde, dass jeder Tag, den ich mit tollen Menschen erleben darf, ein Geschenk ist. Und jeder Tag, an dem ich vor einer beschissenen Excel-Tabelle sitze, ein verlorener Tag ist. Ein

Tag, der mich krank macht. Es mag ja sein, dass mir dieser Tag mehr Geld in die Kassen spült. Aber garantiert nicht mehr Lebensqualität. Ich will leben und nicht rechnen. Klar, auch ich muss rechnen. Aber es wird heutzutage echt übertrieben. Es ist doch auch kein Wunder, dass immer mehr Menschen an Burnout und Depressionen leiden. Denn Kontrolle, Kalkulation, Erbsenzählerei, graue Anzüge und bunte Charts beherrschen den Menschen erst seit wenigen Jahrzehnten. Und das liegt nicht in der Natur des Menschen, selbst wenn er so tut als ob.

Wir müssen zurück zu unseren Wurzeln. Und deshalb freue ich mich schon auf die nächste Wandertour mit meinen tollen Gästen. Und ich freue mich auch schon auf die klassische Frage meines Kollegen: „Ist dein Wanderführer krank?"

Dein Weg

Es gibt immer einen Weg. Deinen Weg.

Selten ist er gerade.

Wenn du ihn gehst,
fühlt er sich oft schwer an.

In der Nachbetrachtung war er
dann sogar schön.

Die Realität ist oft hart.

Die Zukunft spannend und doch ungewiss.

Wir haben Angst.

Was bleibt, ist die Vergangenheit.
Die ist vorbei.

Und vielleicht deshalb schön?
Genießen wir die Gegenwart.

Denn die Gegenwart ist kurz. Sehr kurz.

Das hat sie mit unserem
Leben gemeinsam.

Dann hat es auch Zukunft.

WENN DU EINEN SUMPF

TROCKENLEGEN WILLST

DARFST DU NICHT DIE

FRÖSCHE BEFRAGEN

Rough Boy

Das Lied „Rough Boy" läuft heute, am 19. April 2020, ganz zufällig auf meiner Playlist in youtube. Was für ein genialer Song aus den 80ern. ZZ Top heißt die Band. Mein Freund Walter, selbst Musiker, sagt zu diesem Trio mit den langen Bärten immer wieder: „Nur 10 Saiten und eine Schießbude. Allerdings von sehr sachkundiger Hand geführt!" Ich muss dann immer schmunzeln. Und heute gehe ich der Sache mal auf den Grund!

Die drei Herren (Billy Gibbons, Frank Beard und Dusty Hill) machen seit Anfang der 70er Jahre Bluesrock. Nur mit Schlagzeug, Bass und Gitarre. Und liefern vor allem in den 80er Jahren einen Hit nach dem anderen ab. „Rough Boy" ist ausnahmsweise mal eine Ballade mit harten Gitarrenriffs. Ich liebe dieses Lied. Und erst der Bass. Hammer! Weniger ist eben mehr. Dieser Gedanke, wie man mit mehr Einfachheit die neue Zeit gestalten kann, treibt mich gerade um. Es ist der sechste Sonntag im Lockdown 1.0 ohne Gäste. Ein Wahnsinn. Und kein Ende in Sicht. Eines ist mir heute klar geworden, auch wenn es im Moment noch merkwürdig klingt.

56

Für die Zukunft sind drei einfache Komponenten/Zutaten wahnsinnig wichtig:

1) Eine perfekte Grundstimmung (Bass)
2) Der richtige Takt und eine gute Schlagzahl (Drums)
3) Ein Rhythmus, der ins Blut geht (Gitarre)

Und das umgesetzt auf dein Leben. Mehr braucht es nicht. Einfach machen!

Rezept für ein Schinkenbrot,

wenn mal wieder kein Brot im Hause ist:

1) Rhöner Schinken, luftgetrocknet

2) Selbstgemachtes Pesto

3) Tortilla-Chips, weder selbst gemacht, noch aus der Rhön

Begegnungen

Es ist Anfang Mai 2019, als meine Tochter Maxima ihr Praktikum auf dem Bio-Bauernhof der Familie May antritt. Wir haben gemeinsam diesen Betrieb ausgesucht, weil er etwas ganz Besonderes ist. Das Besondere sind die Menschen, die dort leben und arbeiten. Ich kenne Klara und Dietmar May noch aus den Anfängen des Biosphärenreservats Rhön, das war Anfang der 90er Jahre. Sie betreiben eine Bio-Schweinezucht, bauen Getreide an, das z. B. zu Dinkelreis veredelt wird und haben noch ein Hühnermobil samt Ziegen zur Jagdvogelabwehr. Dietmar hat den Betrieb von seinem Vater übernommen und ihn dann zum Schrecken der Familie auf ökologischen Landbau umgestellt. Die Anfangsjahre sind hart, denn auch in seinem kleinen Dorf Junkershausen in der fränkischen Rhön schüttelt man über ihn und seine Klara nur den Kopf. Führte doch sein Vater eine erfolg- und ertragreiche Landwirtschaft, die wuchs und wuchs. Dietmar stellt auf Direktvermarktung um. Ein harter Weg. Damals. Ich lerne ihn auf einem Rhöner Bauernmarkt kennen und erwerbe ein Glas Bratwurstfülle von überragender Qualität. Seitdem bin ich Kunde.

Dann der Schicksalsschlag: Im Jahr 2015 werden bei einem verheerenden Großbrand alle Stallungen und Scheunen vernichtet. Das Wohnhaus konnte nur mit viel Glück und einem großartigen Einsatz der Feuerwehr gerettet werden. Ein Lebenswerk vernichtet. Dietmar und Klara wissen nicht, wie es weitergehen soll. Noch in der Nacht informieren sie ihren Sohn

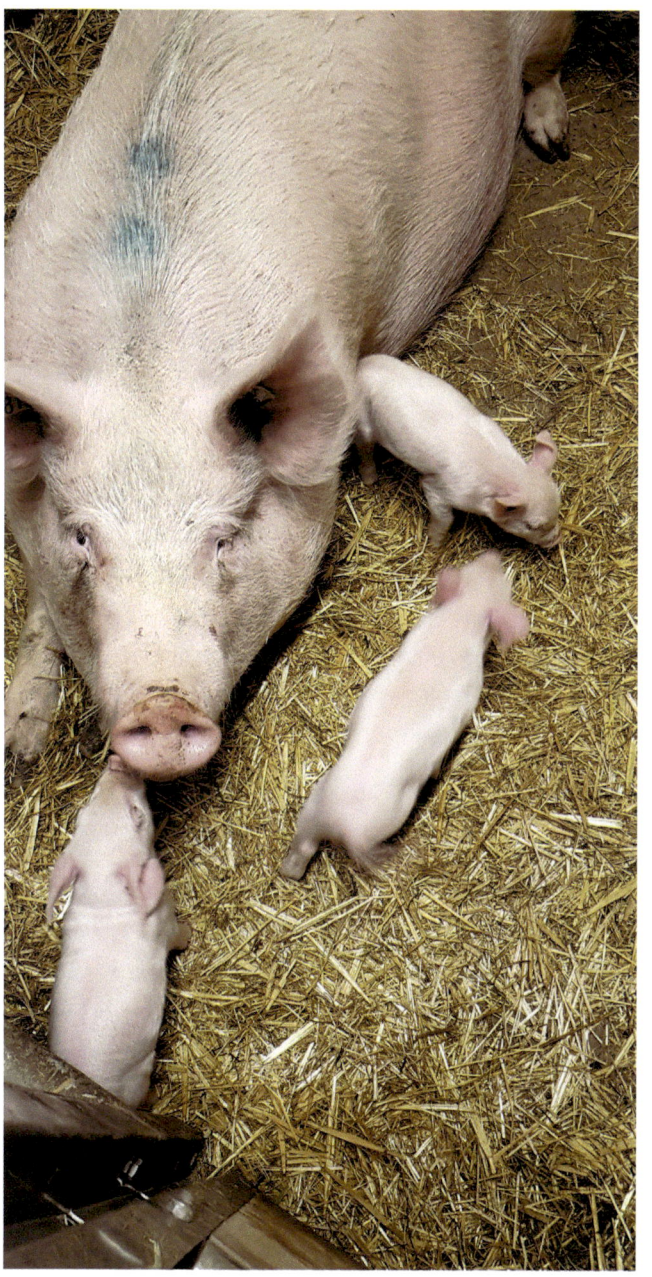

Christian über das schreckliche Unglück. Christian, der in Frankfurt als Unternehmensberater arbeitet und lebt (genau in dieser Reihenfolge) und seine Frau Rebecca, die im Kulturamt der Stadt Frankfurt einen guten und sicheren Job hat, müssen sich entscheiden. Wollen sie gemeinsam mit ihren Eltern den Hof wieder aufbauen? Als Christian Rebecca fragt, ob sie mit ihm zurück nach Junkershausen gehen will antwortet die junge, sympathische Frau: „Ich wollte doch schon immer Bio-Bäuerin werden!"

Vier Jahre später bin ich jetzt mit Maxima hier. Es ist Montag in der Früh, kurz vor halb acht. Dietmar habe ich schon lange nicht mehr gesehen, wir fallen uns in die Arme. Strahlend kommt Rebecca hinzu und kümmert sich sofort um Maxima. Plötzlich sagt Dietmar: „Jürgen, gestern Nacht hat die erste Muttersau im neuen Stall zwölf Ferkel geworfen. Komm, wir gehen mal rüber." Eigentlich habe ich noch einen Folgetermin, muss sofort wieder zurück. Die strahlenden Augen des Bauern begeistern mich und meine Pünktlichkeit ist jetzt nicht mehr wichtig.

Wir gehen in den offenen Stall, der einer modernen Wellness-Anlage gleicht. Es fehlen nur noch Liegestühle und Sonnenschirme. Dietmar strahlt. Und ich bin beeindruckt, wie wohl sich hier Tier und Mensch fühlen. Jetzt spricht Dietmar mit Tränen in den Augen über die verheerende Nacht im November 2015. Als er den Brand bemerkte, hat er vor lauter Aufregung noch nicht einmal den Notruf abgesetzt. Im Schlafgewand sind seine Frau und er sofort in die Gummistiefel gestiegen und haben versucht, so viele der elend quiekenden Schweine zu retten, wie in der Kürze der Zeit möglich war.
Sein Versicherer hat ihm daraufhin vorgeworfen, nicht zuerst

den Traktor und andere Maschinen gerettet zu haben. Denn das sind ja echte Werte, im Gegensatz zu Schweinen. Dietmar heult fast. Ich bin schockiert. So krenzerschockiert eben. Denn in unserem System wundert mich echt nichts mehr. Ich sage zu Dietmar: „Du hast alles richtig gemacht. Du hast das zuerst gerettet, was DIR am wertvollsten war. Nämlich das Leben deiner Schweine. Das ist deine DNA. Deine Versicherer und Banker haben zum Thema Werte eben ganz andere Vorstellungen. Krass!"

Diese Frage treibt mich schon seit einiger Zeit um. Irgendwann stelle ich sie mir auf der Fahrt zu einem Vortrag. Ich habe ja alles. Es fehlt mir (für meine Art zu leben) an nichts. Aber: Materielle Werte sind nicht wirklich Werte. Sie sind käuflich. Austauschbar. Sie bezeugen Status. Sie sind die Indizien des Unechten.

Menschen kaufen mit Geld, das ihnen nicht gehört, Dinge, die sie nicht brauchen, um Menschen zu beeindrucken, die sie nicht mögen.

Viele Zivilisationskrankheiten des modernen Managers und Unternehmers sind darauf zurückzuführen. Burnout und Depressionen sind vorprogrammiert, wenn wir keine wirklichen Inhalte mehr haben. Wenn die Leere im Körper regiert. Es geht um das schnelle Geld, um die maximale Ansammlung von Vermögenswerten in relativ kurzer Zeit. Und dann? Wo bleibt der Sinn?

Lasst uns diese Welt gemeinsam ein klein bisschen besser machen. Und jeder von uns fängt zuallererst bei sich selbst an. Einverstanden?

Mut

Gedanken an einem Morgen
im Frühjahr 2020.

Die Rote Walze auf der Apfelwiese
fragt sich nicht:

„Freiheit oder Sicherheit?"

Denn wenn die Blüte jetzt zur
Entfaltung kommt, könnte der Frost
sie eiskalt erwischen.

Vielleicht.

Bleibt die Knospe in der Sicherheitszone,
wird sie nie eine Blüte werden.

Definitiv.

*„Wer die Freiheit aufgibt, um Sicherheit zu
gewinnen, wird am Ende beides verlieren."*

(Benjamin Franklin)

Grenzen

Ich liebe Grenzsteine. Sie faszinieren mich.

Auf einem mystischen Waldwanderweg entdecke ich sie fast alle 200 Meter.

Auf knapp 10 Kilometer gerechnet sind das 50 Steine.

Steine, die auf den Berg geschafft werden mussten, und anschließend tief verbuddelt wurden.

Ein wahnsinniger Aufwand für eine Grenze zweier kleiner Ämter in der Fränkischen Rhön mitten im fast undurchdringlichen Wald.

Der Mensch hat schon früher viel investiert, um sich und anderen Grenzen aufzuzeigen.

Und tut es heute immer noch. Sogar intensiver.
Ohne Steine auf den Berg zu schleppen.
Aber anstrengend sind mentale Grenzen auch.

Eingrenzen, ausgrenzen, abgrenzen.
Oder grenzenlos fantasievoll?

Wie viele Brötchen esse ich morgen?

Es ist Freitag, der 21. August 2015. Um 21.45 Uhr sitze ich mit meiner Frau in Escherndorf am Main. Im Biergarten der wunderbaren Camping-Gaststätte. Wir holen uns einen Bocksbeutel Frankenwein und sind so was von entspannt. Plötzlich beginnt am Nebentisch eine Diskussion. Das Thema ist unfassbar spannend und fasziniert mich: Wie viele Brötchen esse ich morgen?

Am Nebentisch sitzen vier Reisemobilisten. Das sind, ganz im Gegensatz zu uns, meist Menschen im Rentenalter. Generation Silberlocke. Die jetzt Zeit haben mit einem Häuschen auf Rädern das Land zu bereisen. Und die Gaststätte des Campingplatzes bietet einen sogenannten „Brötchenservice" an. Man trägt sich in eine Liste ein und kann am nächsten Morgen die Brötchen abholen. Und jetzt diskutieren die vier Mobilisten, wie viele Brötchen sie morgen essen wollen. Und zwar eine halbe Stunde lang. Ich genehmige mir erst einmal ein Glas Grauburgunder und weiß: Das ist DAS Thema für mein nächstes Buch!

Mit meiner Frau diskutiere ich nun über die Brötchen-Diskutanten. Ich: „So ein Schwachsinn, ich weiß doch gar nicht, ob ich morgen früh überhaupt Lust auf Brötchen habe! Und vielleicht kann ich ja gar kein Brötchen mehr essen. Morgen früh. Weil ich gar nicht mehr lebe." Sie: „Du isst überhaupt keine Bröt-

chen. Jedenfalls hast du das in den letzten 18 Jahren nicht getan." Und weiter: „Zumindest rechnen diese Menschen damit,
dass sie am nächsten Tag noch Brötchen essen können." Ich:
„Sind halt Optimisten!" Bevor unser Dialog nun Stammtisch-
niveau erreicht, brechen wir ihn dann doch lieber ab.

Denn mir geht es um etwas ganz anderes. Nämlich um unsere
Planungen und um unsere Zeit. Gerade jetzt in der Urlaubs-
zeit steht Planung ganz oben auf der Agenda. Was machen
wir heute? Und was morgen? Schnell noch die Rahmenbedin-
gungen wie Wetter und/oder Öffnungszeiten checken. Oft sind
Urlaubstage komplett durchgeplant. Sie sind ja auch wertvoll.
Und deshalb plant man sie minutiös. Im Vorfeld. Überlegen
Sie mal, wie viel Zeit Sie in die Planung Ihres Sommerurlaubs
gesteckt haben. Von „Wie kommen wir zum Flughafen?" über
„Um wie viel Uhr kommen wir im Hotel an, und was können

wir an diesem Tag noch machen?" bis „Welche Restaurants sind empfehlenswert?" Mal ehrlich: Da geht schon einiges an Zeit drauf. Und das ist ja auch in Ordnung.

Aber Urlaub ist ja nur ein Bruchteil unseres Lebens. Wohlgemerkt ein schöner Teil. Klar. Warum denken so viele Menschen nicht darüber nach, was sie mit ihrem Leben anstellen wollen? Da wird vieles doch dem Zufall überlassen. Obwohl, ist ja manchmal auch nicht schlecht. Aber immer? Eines meiner Lieblingszitate ist: „Planung ersetzt den Zufall durch Irrtum!" Es kann schon sein, dass Menschen, die mit einem klaren Plan durchs Leben laufen, womöglich an den tollsten Chancen des Lebens vorbeigehen. Wie eben jene Touristen, die mit Tunnelblick auf die Restaurantempfehlung des Reiseführers zusteuern und die wunderschöne kleine Gaststätte mit fantastischem Essen in der Seitenstraße nicht wahrnehmen. Schade, oder?

Ich will einfach mal zum Nachdenken anregen, dass wir schon Ziele in unserem Leben brauchen. Manchmal auch Visionen. Doch für viele Menschen ist leider das Erreichen des Rentenalters das Ziel. Oder eben, wenn sie dieses Ziel geschafft haben, die zweite wichtige Herausforderung im Leben:
Wie viele Brötchen esse ich morgen?

BMW-Gewerbe

Nein, das hat nichts mit dem gleichnamigen Autokonzern zu tun. BMW steht in der Bankensprache für Bäcker – Metzger – Wirte. Und dafür, dass diese drei Branchen nicht besonders kreditwürdig sind. Bankenintern eine Risikobranche. Aber sowas von. Im Kreditranking ziemlich weit unten. Und das nicht erst seit heute, das ist schon seit Jahrzehnten so. Im weiteren Sinn kommen noch die Landwirte dazu. Die stehen aber im Ranking höher, denn sie besitzen meist Werte in Form von Ländereien.

Warum das so ist, ist schnell erklärt. Es wird in diesem BMW-Gewerbe zu wenig Geld verdient. Viel zu wenig. Weil Lebensmittel, also Mittel zum Leben, in Deutschland sehr niedrige Preise haben. Das hat seit Jahrzehnten Tradition. Oder System. Und kleine Traditionsbetriebe haben häufig eine kompliziertere und höhere Kostenstruktur als systematisierte Großkonzerne. Mal abgesehen von staatlichen Förderungen für die Großen mit dem Totschlagargument Arbeitsplätze. Da könnte ich mich totlachen. Wenn nicht genug Gewinn übrigbleibt, dann fehlt das Geld für Investitionen in die Zukunft. Die Wettbewerbsfähigkeit sinkt. Und damit einhergehend können die Preise auch nicht steigen. Eine Spirale, die nur eine Richtung kennt: Nach unten.

Hier gegenzusteuern braucht Mut und neue Wege. Mut zum Preis. Aber auch Mut zu neuen Ideen. Die Märkte verändern sich gerade in einer irren Geschwindigkeit. Die Veränderung ist auch nicht wirklich das Problem. Aber meist wird mit der Logik von gestern gehandelt. Ich habe im ganz anderen Sommer 2020 entschieden, das sogenannte À-la- carte-Geschäft zu verlassen. Begründet habe ich es mit Corona. Corona ist schon manchmal ganz praktisch. Du kannst fast alles damit begründen. Zum Beispiel auch die 10 Kilogramm oder 40 Steine Butter, die ich aktuell zu viel auf den Rippen habe.

Ich weiß seit Jahren, dass in der Küche zu wenig Geld verdient wird. Da hilft auch moderne Küchentechnik nicht viel. Die im Übrigen auch erst einmal viel Geld kostet. Ich habe die Reißleine gezogen. Aber nicht nur ich. Viele Kollegen verabschieden sich gerade aus diesem Markt, der scheinbar nur einen Gewinner kennt: Den Gast. Der immer noch in Deutschland, und vor allem in Franken, für wenig Geld frisch zubereitetes Essen bekommt.

Essen darf nichts kosten. Aber wer fickt hier eigentlich wen? Naja, zuerst der Gast den Wirt. Bis es kaum noch welche gibt. Dann ist es vorbei mit der Vielfalt. Und mit Geiz ist geil. Und vor allem mit der Drohkulisse: „Dann gehe ich eben zu deinen Kollegen!" Die gibt es dann nicht mehr. Ergo: Der Gast fickt sich selbst. Na bravo!

Spannend ist auch, was so manche „Gäste" über ihren Wirt denken. Eine Facebook-Diskussion auf der Seite des Hessen-Fernsehens gibt darüber Aufschluss. Anlass war ein Interview Anfang November 2020 mit mir über die Zukunftsaussichten der Branche. Der Facebook-Post des Senders hat über eine Million Menschen erreicht. Unter anderem habe ich hier behauptet, dass ein Schnitzel mindestens 35 Euro kosten müsste, wenn unsere Mitarbeiter in der Gastro das Gehalt eines

Facharbeiters bei Audi oder Daimler bekommen würden. Denn der Wareneinsatz ist nicht wirklich das Problem in meiner Branche, wir müssen die Menschen besser bezahlen. Bei unseren Preisen liegen wir dann schnell mal bei 40–45% Mitarbeiterkosten. Ich habe in dem Beitrag die steile These aufgestellt, dass viele Mitarbeiter das Doppelte verdienen sollten. Ein gewisser Patrick schreibt einen der über 1.200 Kommentare, den ich hier unverändert wiedergebe:

„Ich weiß ja nicht, er hat scheinbar noch nie was von 30% Wareneinsatz und 70% Einnahmen gehört denn nach seiner Rechnung wären es ja eher 80–85% rein Gewinn."
Darauf antwortet unter anderem Simon. Er macht den Kalkulations-Erklärbär so sensationell, da muss man nichts mehr

hinzufügen. Ich habe Tränen gelacht. Ich hoffe, du gleich auch:
„Also. Gern mal aus Sicht der Gastronomen erklärt und mög-
lichst abstrakt. 30% kosten die Lebensmittel deines Gerichts.
Also meinetwegen das Schnitzelfleisch, Mehl, Eier, Semmel-
brösel und was man eben sonst noch so braucht (Beilagen
etc).

Dazu kommt (nur ein kleiner Auszug):
- *Pacht*
- *der Teller auf dem das Essen kommt,*
  das Besteck dazu und meistens auch Tisch/Stuhl.
- *die Serviette zum Mund abputzen*
- *der Herd, auf dem gekocht wird, die Pfanne,*
  das ganze drumherum. (du weißt sicher, was ich meine.
  Ne Küche halt)
- *ein Koch ist meist praktisch*
- *Kellner auch*
- *ein Spüler ist super wichtig (der Teller macht sich halt nicht*
  allein sauber)
- *Telefon/Gas/Elektrik*
- *bissl Wasser wird auch verbraucht.*
- *heizen musst so n Gastraum auch, sonst frieren die Leute.*
  Das mögen die nicht.
- *ne Kasse brauchst auch. Vom Finanzamt geprüft.*
  Die Dinger sind auch nicht billig
- *Lagerkosten sind im Übrigen auch nicht ohne bei uns in*
  der Branche.

Ein klein wenig Gewinn wird auch kalkuliert.
Ungefähr 2,5–5% pro Gericht übrigens. Und selbst das
kannst nur in Mischkalkulationen einhalten.

72

Und erst jetzt(!) reden wir mal von Steuern und Versicherungen und dergleichen.

Aber hey, bleib bei maximal 22€, die für dein Schnitzel maximal zu zahlen bereit bist. Aber wunder Dich dann bitte nicht, dass die Viecher mehr Antibiotika in sich haben als ne Kleinstadt-Apotheke. Oder dass der Milchbauer mehr davon hat, wenn er die Milch auf die Straße kippt.

PS: wenn er im Beitrag davon redet, dass wir das Doppelte verdienen sollten, was wir in den meisten Fällen tun. Dann redet er von ungefähr 3000 € netto."

Krenzers Steckrübensuppe

"Herr Krenzer, könnte ich vielleicht das Rezept für diese leckere Steckrübensuppe haben?" Kein Problem, denke ich, laufe in die Küche und frage meine Turboköchin Rosi. Ihr gestresster O-Ton: "Steckrüben, Kartoffeln, Brühe, Salz, Pfeffer, Sahne. Das ist alles." O.k., das kann ich unmöglich 1:1 weitergeben. Also schreibe ich ein Rezept. Denke beim Lesen dieser Rezeptur einfach mal an die vielen Lebensberater und selbsternannten Coaches, die unser einfaches Leben viel zu kompliziert machen wollen. Denn dafür werden sie bezahlt. Einfachheit war gestern.

Eine Steckrübensuppe zu kochen, ist eine einfache Arbeit. Da einfache Arbeiten aber nicht mehr so beliebt sind, kocht kaum noch jemand Steckrübensuppe. Hier nachstehend das Rezept. Ich entschuldige mich in aller Form für die Einfachheit.

Das benötigst du dafür:

2 Steckrüben	mittlere Größe (weil das in jedem Kochbuch so geschrieben wird und keiner weiß, was eigentlich mit mittlerer Größe gemeint ist)
5 bis 6 Kartoffeln	natürlich auch wieder mittlere Größe (wobei die Kartoffeln etwas kleiner sind als die Steckrüben, sonst wäre es ja auch eine Kartoffelsuppe)

Suppe

Deko (75)
(Paprika-
Flocken)

BSP FOTO

Brotkanten
(etwas zu groß!)

2 bis 3 l Brühe	bitte eine ordentliche Fleischbrühe, keine reine Knochenbrühe, richtig schmackhaft abgeschmeckt
Salz	
Pfeffer aus der Mühle	für den letzten entscheidenden Kick bei der Steckrübensuppe nehmen Sie am besten den Schwarzen Pfeffer
Sahne	nach eigenem Gusto
evtl. Blutwurst	entweder aus dem Darm oder aus der Dose – das ist Wurscht!

Und so geht's:

Auch die Zubereitung der Steckrübensuppe ist ganz einfach. Würde mein Rezept in Amerika veröffentlicht, müsste ich jetzt erwähnen, dass man die Steckrübe schält und vorher evtl. putzt (je nach Verschmutzungsgrad). Auch die Kartoffeln sind vorher zu schälen. Beide Zutaten werden in Scheiben oder Würfel geschnitten (das ist wirklich egal, hinterher werden sowohl Steckrüben als auch Kartoffeln püriert).

Nun gut. Steckrüben und Kartoffeln (sind in Scheiben, Würfel oder sonst was geschnitten) werden jetzt auf jeden Fall in guter Butter gedünstet. Bitte verwenden Sie um Gotteswillen keine Margarine oder irgendein künstliches Zeugs, auch wenn es noch so gesund in der Werbung präsentiert wird. Wer möchte kann auch noch Zwiebelwürfel hinzufügen. Anschließend mit der Fleischbrühe auffüllen. Wer es nicht ganz so kräftig mag, kann auch noch etwas Wasser hinzugeben. Wobei ich als Apfelwinzer mit der Zugabe von Wasser so meine Probleme habe. Man könnte auch einmal versuchen, einen Schuss Apfelwein hinzufügen, denn die Säure gibt dem Steckrübensüppchen nochmal einen ganz anderen, vielleicht sogar exotischen, Charakter.

Die Steckrüben, die Kartoffeln und die Brühe werden nun leicht gekocht. Sind die Steckrüben und die Kartoffeln weich, so werden sie mittels eines Pürierstabs (früher hat man noch ein Sieb oder einen Stampfer verwendet) „verbreit", heute würde man sagen püriert. Wobei pürieren immer von Kartoffelpüree kommt und wenn man Kartoffelpüree sagt, denke ich immer an dieses Püree aus der Tüte oder aus dem Karton. Was ich persönlich nicht lustig finde.

Die pürierte Steckrübensuppe sollte eine schöne Konsistenz haben (schön ist eigentlich der falsche Begriff, denn schön sind nur Frauen). Was ich damit meine: Es sollte schon noch schwersämig-suppenartig sein. Abgeschmeckt wird das Ganze mit Salz und Pfeffer aus der Mühle. Pfeffer sollte dabei ordentlich verwendet werden, denn Steckrüben lechzen nach Pfeffer. Schwarzem Pfeffer. Frisch gemahlen!

Hat man anstatt Wasser noch etwas Apfelwein zugesetzt, sollte auf jeden Fall noch mit etwas Zucker abgeschmeckt werden. Im optimalen Fall haben wir dann eine perfekte Säure-Zucker-Salz-Pfeffer-Balance.

Das Wichtigste oder das Beste kommt zum Schluss:
Je nach Gusto wird nun dieser Steckrübensuppe Sahne hinzugefügt. Ich meine Sahne. Keine Milch. Keine Kondensmilch! Bitte mit Sahne, richtig gute Sahne.

Und wem das noch nicht kräftig genug ist, der brät sich jetzt noch in einer Eisenpfanne die Blutwurst (Bitte ohne Fett! Die Blutwurst hat wahrlich genug davon. Ich weiß das, denn mein Vater war Metzger). Die Blutwurst in der heißen Eisenpfanne rösten, wenden und dann in die Suppe geben.

Das ist doch ein ganz einfaches Rezept, oder? Ich wusste gar nicht, dass ich so viel darüber schreiben kann.

Luxus

„Weißt du Jürgen, dass das hier gerade echt Luxus ist? Das ist unglaublich. Sollten wir öfter machen!"

Nein! Es ist nicht so, wie Sie vielleicht denken. Sondern sehr unspektakulär. Mein Freund Walter und ich sitzen unter einer alten Kastanie im Biergarten der Krug-Brauerei in der Fränkischen Schweiz. Wir haben uns für zwei Tage hier in der angegliederten, kleinen Pension eingemietet. Mitten in der Woche. Wir trinken fantastisches Bier, philosophieren intensiv, wandern ein wenig und genießen einfache, fränkische Küche von vortrefflicher Qualität. Völlig unspektakulär. Und doch besonders. Umgeben von sehr entspannten Menschen. Gelassenheit pur. Keine Termine. Keine Anrufe, Mails und WhatsApp Nachrichten, da es kein Internet gibt. Zeit haben für gute Gespräche. Für mich persönlich ist das LUXUS!

Ich bin auch oft alleine an solchen Orten. Denn die größte Kraft ziehe ich aus dem Nichtstun. Dem vermeintlichen Nichtstun. Immer dabei: ein Schreibblock und ein Bleistift. Nein, zeichnen kann ich nicht. Aber meine Gedanken finden an solchen Orten Worte und Sätze. Als Wirtshauskind bin ich es gewohnt, auch an belebten Orten zur Ruhe zu kommen. Ich beobachte das Geschehen auf dem Brauereihof, freue mich, dass die Mitarbeiter Spaß bei der Arbeit haben und beobachte natürlich auch die Gäste. Und stelle mir dabei die Frage: „Wer ist heute eigentlich noch gelassen? Ich bin es. Jetzt. Liegt es am Bier?" Mein Braumeister Halu sagt immer: „Bier hält, was Valium ver-

80

spricht." Ich sollte mich echt mal für zwei Wochen hier einmieten und ein Buch schreiben. Über die wirklich wichtigen Dinge des Lebens. Sind gar nicht so viel.

Bei meinen Landsleuten besteht Luxus aus drei Dingen, die ich zum Glück (fast) nicht brauche. Und da bin ich echt froh. Der ganz normale Luxus sind Fernreisen, Autos jenseits der Mittelklasse und ein schnuckeliges Zuhause. Und das natürlich immer alles zusammen. Das kostet. Da muss man an anderen Stellen einsparen. Zum Beispiel bei gutem Essen und hochwertigen Getränken. Also bei den Dingen, die zu 100% im eigenen Körper landen. Wir sparen viel zu oft an der Nahrung für unsere Seele. Das geht auf Dauer nicht gut. Die Seele leidet. Und ich denke hier jetzt nicht gleich an Sterneküche und Spezialitäten aus dem Gourmetschuppen. Sondern an ganz einfache Produkte. Wie zum Beispiel ein richtig gutes Bauernbrot aus dem Holzbackofen und gute Butter, wie meine Oma immer sagte. Und damit meine ich richtig gute Butter. Beides kostet mehr als 08/15. Und genau diese beiden Dinge sind Nahrung für die Seele. Sehnsuchts-Essen. Soulfood.

WENN DU  KRITISIERT WIRST

MUSST DU
IRGENDETWAS
RICHTIG MACHEN

MAN GREIFT JA AUCH

IMMER DEN AN

DER DEN BALL HAT

83

SMS-Terror
im Urlaub

SMS auf mein Smartphone: „…Sie sollten Ihren Urlaub nicht zu lange ausdehnen, Herr Krenzer – Ihr ‚Service-personal' plus Küche sind gerade dabei, Ihr Unternehmen und Ihren Ruf zu ruinieren!!!!! Anne-Monika H."

Sonntag, 17. Juli 2016, 21.15 Uhr. Ich befinde mich gerade mit meiner Familie seit acht Stunden in unserem Jahresurlaub. Davon gefühlt die Hälfte im Stau. Als ich nach dem Abendessen mein Handy aus der Jacke hole, sehe ich diese SMS. Natürlich liest man die und ärgert sich einen Moment später: „Warum lasse ich mir den Urlaubsauftakt so versauen? Muss ich jetzt eigentlich noch auf mein Handy glotzen?" Gut, dass ich schon drei gute, hausgebraute Entspannungsbiere getrunken habe. Ein viertes Kaltgetränk wird jetzt dringend benötigt und sofort geordert.

Tausendundein Gedanke gehen mir jetzt durch den Kopf. Ich rufe in krenzers rhön an. Und bekomme einen sehr sachlichen Lagebericht. Meine Mitarbeiterin wirkt etwas bedrückt. Es ist sehr viel los gewesen an diesem ersten richtig schönen Sommertag, der auch der erste hessische Feriensonntag ist. Gartenwirtschaft, Wirtsstube, unser R.A.S.T.-Platz und auch der Laden sind sehr gut besucht. Reserviert war so gut wie nichts, fast alles Spontangäste. Wie so oft.

„Ich werde mich bei Ihrem Chef melden!"

Jeder tut hier, was er kann. Und mehr. Für eine Dame, die an diesem Nachmittag mit zwei Herren unser Haus aufsucht, reicht das allerdings nicht. Sie ist extrem unzufrieden und fragt an der Rezeption nach dem Chef. Dass der gerade in den Urlaub gefahren ist, passt dieser Dame, die sich in unserem Haus alles andere als damenhaft benimmt, überhaupt nicht. Mein Team hat keine Chance, sie zu beruhigen. „Ich werde mich bei Ihrem Chef melden!" So oder so ähnlich echauffiert sie sich. Tja, und gemeldet hat sie sich, meine private Handynummer steht auf meinen Visitenkarten. Wenn auch auf sehr merkwürdige Art. Also würdig, es sich zu merken.

Wie würdest Du in meiner Situation reagieren? Wäre echt mal spannend, das zu erfahren. Auf jeden Fall fällt mir die Zurückhaltung schwer. Ich hätte schon ein paar Ideen, die ich, auch per SMS, zurückfeuern könnte. Ich tue es nicht. Besser so. Nicht mein Niveau. Dafür rufe ich am nächsten Tag meine Servicechefin Andrea an. Die hat aber erst mal gar keine Zeit, mit mir zu telefonieren. Die Gäste gehen vor. Und davon sind selbst am Montagmittag jede Menge da. Na, dann gehen wir ja doch nicht pleite, denke ich.

Erwachsenen-Kindergarten in unserem Biergarten

Am Nachmittag bekomme ich dann endlich einen Rückruf, und nochmals Details zum gestrigen Tag mitgeteilt. Der Dame ging es einfach nicht schnell genug. Klar, an solch einem Tag ist der Getränke- und Speiseservice nicht so fix wie sonst. Und im Außenbereich dauert es aufgrund der langen Wege noch länger. Zudem (das kommt an solchen Tagen immer mit dazu, es gibt ja keine Zufälle) lief das Bier mit zu viel Kohlensäure aus dem Zapfhahn. Das verlängert die Zeit von der Bestellung bis zum Service noch einmal. Der Tisch in unserer Gartenwirtschaft war zudem noch von den Vorbenutzern (die kurz zuvor gegangen waren) verschmutzt. Und die Ansprache der Servicemitarbeiterin war wohl auch nicht klassisch, sondern lässig. So ist das bei uns. Gefällt eben auch nicht jedem. Außerdem erfahre ich, dass diese Dame wohl öfter zu uns kommt und dabei ziemlich oft „auf Krawall gebürstet" ist (O-Ton meiner Service-Chefin). Ich bin beruhigt. Ist also nichts passiert, außer ein bisschen Erwachsenen-Kindergarten an einem wunderschönen Sonntagnachmittag in unserem Garten. Was soll's! Ich lasse das alles erst einmal ruhen. Und meine Leute in Ruhe.

Du kannst es nicht jedem Recht machen

Ein paar Tage später bekommen wir von anderen Gästen folgende Nachricht:

„Frauen sind halt heimliche Helden! Nur wer den Normalfall kennt, konnte wahrnehmen, was hier abging: Wir kommen ziemlich erledigt direkt vom Standdienst am Biosphärenmarkt in Krenzers Rhön an. Unser Plan: schnell die Sachen ausladen und einlagern, die zu Krenzer gehören. Dann lassen wir uns verwöhnen. Es war der erste richtige Sommersonntag und Ferienbeginn in Hessen. Ein regelrechter Ansturm auf die Rhön im Allgemeinen, den Biosphärenmarkt und Krenzers Rhön im Speziellen. Gaststube und Gastgarten sind voll – die Rezeption leer. Das hat seinen Grund: Melanie räumt zusammen mit Andrea – eigentlich hätten die beiden jetzt schon Dienstende – Tische ab. Trotz dieser Zusatzaufgabe managen die beiden auch noch unseren unangemeldeten Besuch. Nach getaner Arbeit finden wir noch einen Platz im Gastgarten und lassen uns verwöhnen. Es flutscht! Jetzt sind die beiden im Service aktiv, damit die Gäste zügig bedient werden. Als wir schon satt und merklich erholt die Rechnung bezahlen, neigt sich zumindest für Melanie der Arbeitstag dem Ende zu. Andrea muss noch den Bürokram in Angriff nehmen. Und für das Stammteam in Küche und Service geht es sowieso noch weiter.

Wir sagen Danke, dass Ihr Helden der Gastronomie uns verwöhnt habt! Astrid und Michael"

So ist das im Unternehmerleben. Du kannst es nicht jedem Recht machen. Der eine ist enttäuscht, der andere begeistert. Apropos Enttäuschung: Eine Enttäuschung ist doch nur das Ende einer Täuschung. Davon bin ich überzeugt. Also hat sich unser weiblicher Gast einfach nur in uns getäuscht. Oder wir in ihr. Zeit, sich zu trennen. Ich schreibe ihr einen digitalen Brief.

Mein Abschiedsbrief
„So, liebe Frau H., nun zu uns beiden:
Ich habe keine Ahnung, was Sie angetrieben hat, mir eine solche SMS zu schicken. Ich glaube nicht, dass Küche und/ oder Service das Problem an diesem wunderschönen Sonntag waren. Sonst hätten Sie das mir gegenüber ja geäußert.

Stattdessen schreiben Sie in Ihrer SMS gleich vom Ruin eines 123 Jahre alten Unternehmens. Vielleicht hatten Sie ein ganz spezielles Problem. Eines, das nichts, aber auch ganz und gar nichts mit uns zu tun hatte? Nach einer Woche können Sie ja mal sachlich darüber reflektieren.

Ich persönlich finde es suboptimal, wie Sie sich in unserer Welt benommen haben. Und wie Sie sich mir gegenüber benommen haben. Wissen Sie eigentlich, dass meine Mitarbeiter nach Ihren Verbalattacken erst einmal „down" waren? Dass letztlich andere Gäste darunter zu leiden hatten? Mitarbeiter in der Gastronomie – auch in krenzers rhön – sind auch Menschen. Und keine Maschinen. Können nicht sofort wieder umschalten. Haben Emotionen. Wunderbare Menschen. Dienstleister mit Herzblut. Für die ihr Beruf Berufung ist. Freude am Umgang mit Menschen. Wissen Sie eigentlich, dass die meisten Menschen in Deutschland lieber eine Maschine oder einen Computer bedienen, als anderen Menschen zu dienen? Wissen Sie eigentlich, dass es viel schwieriger ist, tolle Dienstleister zu finden, als neue Gäste zu akquirieren?

Ja, Sie wissen das. Haben es bei Ihrem „Blackout" in unserer Gartenwirtschaft nur vergessen. Kann passieren. Wer weiß, was Sie für Probleme hatten. Hoffentlich sind die nicht von Dauer.

Und warum einer Ihrer Begleiter meiner Servicemitarbeiterin noch ein Trinkgeld gibt, ist sowohl mir als auch meiner Mitarbeiterin bis jetzt schleierhaft. Lassen Sie Ihren Frust bitte an den Menschen aus, die dafür gut bezahlt werden. Psychologen, Mentaltrainer oder Lebensberater etc.. Aber lassen Sie meine Leute in Ruhe! Ich wünsche Ihnen noch ein glückliches und zufriedenes Leben!

Ihr Ex-Gastgeber Jürgen H. Krenzer"

Trennung tut gut

Fazit: Wir brauchen mehr Mut. Mut, um uns von manchen Gästen oder Kunden zu trennen. Ich habe das getan. Abschied von emotionalen Tretminen und Gefühlsterroristen. Die ziehen dich und deine Leute nur runter. Weg damit. Tut weh. Sehr weh. Hilft aber. Und zwar sofort.

Und wir brauchen Mut zum Entspannen. Abschalten. Urlaub machen. Sich Auszeiten gönnen. Egal was passiert. Und was soll schon passieren? Es gibt noch etwas Wichtigeres als unser Unternehmen. Nämlich uns. Und unsere Familie!

ES IST NICHT IMMER
LEICHT

DER  KRENZER
ZU SEIN

ABER EINER MUSS

DEN JOB

JA MACHEN

Feinde

Ich weiß, dass ich sehr aufmerksame Feinde habe.

Man muss sich erst einmal unbeliebt machen, um gehört zu werden.

Das ist harte Arbeit, die viel Mut erfordert.

Egal bin ich nur wenigen Leuten.

Zum Glück.

Und wem bist du nicht egal?

PURE VERNUNFT

IST

UNVERNÜNFTIG

Gelassenheit

Montag, 3. August 2015, 15.45 Uhr, Allgäu, Kappeler Alpe. Während meine Familie vernünftigerweise im Grüntensee badet, unternehme ich (bin ja Unternehmer) eine Bergtour zum Alpspitz. Bei der Hitze muss das sein. Schließlich habe ich ja Urlaub. Oben angekommen, stellen sich sofort Hunger und Durst ein. Dagegen kann der Wanderer was tun. Und so hole ich mir als freundliche Selbstbedienung eine Schüssel Gulaschsuppe und eine Halbe Bier.

Ich schnappe mir mein Tablett und gehe nach draußen. Just in dem Moment, als ich es abstellen will, rutscht mir mein kleiner, aber schwerer Laufrucksack (muss ja immer der dicke NachDenkKalender und eine Flasche Wasser, die ich eh nicht trinke, rein) von der Schulter auf den Unterarm. Ich kann das Tablett nicht mehr ausbalancieren und das Bier droht in die Suppe zu fallen. Die sportliche Blondine vom Nebentisch erkennt die prekäre Situation und stürzt sich auf mein Bierglas. Ihr voller Körpereinsatz wird nur teilweise belohnt. Immerhin rettet sie die Hälfte von der Halben. Die andere Hälfte landet in der Suppe. Die schwappt daraufhin über und verteilt sich über Tablett und Tisch. Oh mein Gott, alles eingesaut. Prost Mahlzeit!

Und wie reagiere ich? Warum schreibe ich das? Tja, genau das ist es. Denn, ich bin zwar locker. Glaube ich. Aber alles andere als tiefenentspannt. Und genau das sollte man im Urlaub sein. Natürlich nehme ich diese blöde Situation hin. Obwohl

ich richtig fett Hunger und Durst habe. Aber, Gelassenheit geht anders. Über mich selbst lachen – Fehlanzeige! Bedanken bei der engagierten Tischnachbarin? Natürlich, klar. Aber das „Wie" ist entscheidend. Ich hätte ihr ja zumindest ein Getränk ausgeben können. Habe ich nicht. Und jetzt ist es zu spät. Mal ein Selfie von der Sauerei den Kindern schicken? Kein Gedanke daran. Schade, die hätten sich echt gefreut. Ach, wer von uns wäre nicht gerne tiefenentspannt. Ich arbeite daran. Immer noch. Einen Urlaub lang. Ein Leben lang.

Freitag, 18. September 2020, 12.25 Uhr, Franken, Memmelsdorf. Ich verlade gerade eine Palette des frisch in Flaschen gefüllten Anti-Depressions-Bockbieres. Meine Braumeisterin Isabella hat die Palette so etwa zur Hälfte in meinen Transporter geschoben, um mir das Einladen zu erleichtern. Da passiert es. Ich missachte das Gleichgewicht der vollen Palette, weil

98

ich von der falschen Seite die Kisten entnehme. Die Konsequenz: Die Palette kippt um. Die Kisten mitsamt den Flaschen landen alle auf dem Brauereihof. Ich brülle laut: „Scheiße!" Doch niemand hört mich. Gut so. Doch jetzt verfalle ich nicht in operative Hektik. Ich schaue mir in Ruhe die Sauerei an, die ich gerade veranstaltet habe. Atme einmal tief durch. Zücke mein Smartphone und mache ein Bild. Dazu fällt mir sofort ein Text ein: „Wenn Scherben Glück bringen und dann noch vom Anti-DEPPressions-Bockbier umspült werden, dann ist der Rest des Jahres gerettet…"

Ich schicke Foto und Text in die große weite Welt. Und räume danach die Unfallstelle auf. Ich stelle dabei fest, dass ich endlich mal gelassen mit einer Extremsituation umgegangen bin. Und dass viel weniger Flaschen als angenommen kaputt sind. Na also, geht doch!

Vollpfosten-Sortiment

M ontagabend, 19.55 Uhr, Tatort Bäckereifiliale. Warum v******* nochmal muss sich eine Bäckereifachverkäuferin fünf Minuten vor Feierabend noch bei
mir dafür entschuldigen, dass „nur" noch fünf verschiedene
Brote, drei Sorten Brezeln, mindestens sechs verschiedene
Brötchen und eine gute Handvoll Süßgebäck in der Auslage
liegen? WARUM?

Gleich schließt der Laden, und ich freue mich, dass die Regale
ziemlich leer sind. Ich weiß, warum sie sich entschuldigt. Re-
flex. Denn es gibt jede Menge Vollpfosten, die kurz vor Ladenschluss, nachdem die Bäckerei wahrscheinlich 13 Stunden
geöffnet hatte, noch das Vollsortiment erwarten. Mal davon
abgesehen, dass so ein Vollsortiment echt voll daneben ist,
aber das ist ein anderes Thema.

In diesem meinem Land ist einiges schiefgelaufen. Rückblick:
Wir befinden uns Mitte der 90er Jahre. Und wir sind alle 50
Jahre nach Kriegsende endlich wieder so vollgefressen, dass
viele Männer jetzt wissen, was ein Spiegeleierbauch ist.
Eigentlich ist alles gut. Eigentlich. Und genau jetzt wird eine
neue Sau durch das Land getrieben. Muss ja. Auf der Sau
steht was drauf: „Servicewüste Deutschland." Ein Mythos.
Denn diese ganze schweinische Kiste ist eigentlich nur eine
imaginäre Installation geldgeiler Berater, die ihre eigenen Ta-

schen füllen wollen. Ganz vorne dabei: Ein Japaner. Ich nenne jetzt keinen Namen, ist auch scheißegal. Japaner waren schon immer die besseren Preußen. Also zurück: Servicewüste Deutschland. Und alle fallen darauf rein. Ich auch. War damals mittendrin. So ein Mist aber auch. Ich könnte den Japaner und seine Konsorten heute noch zu einem November-Abenteuer-Spaziergang im Schwarzen Moor in die Rhön einladen. Dann sind sie für alle Zeiten konserviert.

Was ist passiert? Es geht letztendlich nicht nur mehr darum, dass die Auswahl (ich beschränke mich jetzt einmal auf Lebensmittel) groß genug ist. Alles muss überall ständig verfügbar sein. Bis zum bitteren Ende. Besser bekannt als Ladenschluss oder Sperrstunde. Und wenn in der Gastronomie der König namens Gast um Mitternacht noch Gelüste auf  eine Mousse au Chocolat hat, dann macht eben der Patissier wieder unbezahlte Überstunden. Isso. Denn wir lassen uns ja nicht nachsagen, dass wir eine Dienstleistungswüste sind. Wir fluten die Wüste. Die immensen Wasserkosten übernehmen natürlich nicht die Kunden. Sondern die Lebensmittel-Handwerker und ihre Mitarbeiter. Auf deren Rücken wird das Ganze nämlich ausgetragen.

Ein Vierteljahrhundert später bekommen wir die Rechnung präsentiert. Und der Japaner und seine Konsorten haben mittlerweile ihre Präsentationen umgeschrieben. Die Rechnung wird nicht zu bezahlen sein. Denn dem Serviceparadies Deutschland sind die Dienstleister ausgegangen. Trotz Vollsortiment und Zugänglichkeit rund um die Uhr gibt es mehr Nörgler und Psychopathen unter den Kunden als je zuvor. Die um sich greifende Bewerteritis macht sogar vor Bushaltestel-

len oder Gießkannen keinen Halt. Keiner hat mehr Bock. Es ist schlimm. Ich kann gar nicht so viel essen, wie ich kotzen könnte.

Was wir brauchen ist eine Trendwende. Ich nenne es Augenhöhe. Augenhöhe zwischen Kunde und Bäckereifachverkäuferin. Zwischen Bäckereifachverkäuferin und Chef. Zwischen Chef und Lieferanten. Zwischen dem Lieferanten, dem Müller und den Urproduzenten, den Landwirten.

Könnte man auch Solidarität nennen. Oder Nachhaltigkeit. Scheißegal. Hauptsache, wir machen es.

Wenn nicht jetzt, wann dann?

Alles hausgemacht

Ich fange mal mit einem elenden Kalauer an. „Ja, hier ist alles hausgemacht. Es wurde natürlich in einem Haus gemacht."

O.k., das schreibt unser Lebensmittelgesetz so vor. Gut, dass niemand weiß, in welchem Haus das Rumpelstilzchenprodukt gemacht wurde. Da mein Buch ursprünglich den provokanten Titel „Ich kann einfach nicht die Fresse halten" haben sollte, muss dieser Beitrag jetzt noch sein. Ich hoffe sehr, dass alle beteiligten Protagonisten mittlerweile in ihrer mehr oder weniger verdienten Rente sind.

Anfang der 2000er Jahre, Frankfurt am Main, Funkhaus des Hessischen Rundfunks, Hessen à-la-Carte-Weihnachtsmarkt. Und wir mittendrin. Seit einigen Jahren ist diese Veranstaltung für uns das Highlight des Jahres. Ein tolles Ambiente, authentische Aussteller und ein sehr gutes Publikum. Mal abgesehen davon, dass wir diesem Markt unseren überregionalen Bekanntheitsgrad zu verdanken haben, generieren wir hier auch sehr gute Umsätze. Umsätze, um am Jahresende die Rat(t)en bei der Bank zu bezahlen. Über Gewinn schreibe ich hier jetzt lieber nicht. Denn mit einem Team von vier Leuten geht es morgens um 5 Uhr los, der Tag endet kurz nach Mitternacht, wenn das Auto für den nächsten Tag wieder beladen ist. Eine harte Woche, die allen aber richtig Spaß macht. Und jeder Mitarbeiter, der da nicht mitdarf, ist sauer. Stinksauer.

Nicole, meine Auszubildende und ich stehen jeden Tag in unserer Apfelbratwurst-Bude. Der Andrang ist irre. Die Schlange

nimmt den ganzen Tag kein Ende. Manchmal wird mir wegen des Sauerstoffmangels hier schwindelig. Aber Umkippen ist nicht. Dafür ist hier überhaupt kein Platz. Uns gegenüber ist ein Winzer aus dem Rheingau. Er bietet auf seinen schönen, selbst bemalten Schildern seinen „Echten Winzerglühwein" an. Jeden Tag sage ich zu Nicole: „Hey, heute nach Feierabend holen wir uns einen echten Winzerglühwein." Da freue ich mich drauf. Nicole strahlt. Und stellt irgendwann fest: „Du Chef, der Stand hat blöderweise immer vor uns Feierabend. Finde den Fehler." Als wir am letzten Tag, es ist ein Sonntag, schon ziemlich früh vor Ort sind (ich hatte den nicht vorhandenen Verkehr rund um das Frankfurter Kreuz nicht einkalkuliert), traue ich meinen Augen nicht. Rund um den Winzerglühwein-Stand sind Berge von leeren, weißen 10-Liter-Kanistern gestapelt. Die warten auf die Entsorgung. Neugierig, wie ich bin, schaue ich aufs Etikett. Nürnberger Christkindels-Glühwein aus einer mir wohlbekannten Glühwein-Raffinerie. Ich fasse es nicht. Und bin stinksauer. Eine Stunde später stelle ich den Winzer zur Rede. Der ist ganz gechillt und sagt frech zu mir: „Die Leute würden niemals den Preis von echtem Winzerglühwein zahlen." Meine Antwort darauf: „Hast du das denn überhaupt mal probiert?" Also klar, der Winzerschläuling weiß alles über den Markt. Und lässt mich für einen Fertigweinerhitzer eiskalt abblitzen. Ich finde das nicht in Ordnung. Das ist Betrug! Ich habe damals echt noch an das Gute geglaubt, sorry! Natürlich hat mich der Winzer bei der Marktleitung angeschwärzt, weil ich ziemlich laut wurde. Das stimmt auch, zu jener Zeit war ich auch sehr auf Krawall gebürstet, ohne Frage. Hier aber wohl zurecht.

Einen weiteren Betrugsfall sehe ich rein zufällig. Da ich mich als Aussteller auch hinter den Ständen bewegen darf, sehe ich wie hübsch dekorierte Landfrauen aus Dingsdorf gerade Christstollen aus dem Discounter auspacken und mit einer eigenen, gut ausgewogenen Zimt-Kakao-Puderzuckermischung dekorieren. Jetzt ist mein Fass voll.

Ich gehe zur Marktleitung. Weil ich zur Ehrenrettung aller tollen Aussteller hier auf diesem wirklich guten Markt jetzt was sagen muss. Ein Fehler. Aber man hört mir aufmerksam zu.

Im nächsten Jahr werden wir nicht mehr eingeladen. Zwei Jahre später war der „Hessen à-la-Carte-Weihnachtsmarkt" im Funkhaus zu Frankfurt am Main Geschichte.

Bäcker-Brötchen

Knusprig frische und noch ofenwarme Brötchen sind morgens auf den Frühstücksbuffets vieler Hotels Standard. Hast du schon mal nachgedacht, wie das geht? Seit ich denken kann, beziehen wir unsere Brötchen von einer vom Aussterben bedrohten Spezies: dem Dorfbäcker.

Es ist als Bäcker ein schwieriges Geschäft geworden 100 oder manchmal nur 50 Brötchen gewinnbringend auszufahren. Sorry, dass ich immer Geschäft schreibe, obwohl es gar keines ist. Als Hotelier habe ich mit ihm noch nie über den Preis verhandelt. Was es kostet, das kostet es. Basta! Die regionale Kreislaufwirtschaft ist nicht zu Billigpreisen zu haben.

In der Konsequenz zahlt der Gast den Aufpreis über einen etwas höheren Frühstückspreis, oder – wie so oft – es wirkt sich gewinnmindernd auf den Hotelier aus. Jetzt muss man sich nur mal an diesem klitzekleinen Beispiel Folgendes ausmalen: Der Bäcker fährt 30 Brötchen über den Berg. Es lohnt sich zwar nicht, aber er sieht es als Dienstleistung. Nächste Woche sind es hoffentlich wieder 150 Stück. Der Hotelier zahlt für die Bäcker-Brötchen wesentlich mehr als für das Discounterprodukt. Gibt den Preis aber nicht an den Gast weiter. Er sieht es ebenfalls als Dienstleistung. Er möchte dem Gast ein regionales Produkt anbieten und seinen Bäcker unterstützen. Und der Gast? Der meckert, weil es nicht die große Auswahl an Minibrötchen gibt, die er sonst von Frühstücksbuffets kennt. Und außerdem sind die Brötchen nicht ofenfrisch, da ja schon kalt.

Was ist das für ein System? Zwei Menschen legen drauf und einer meckert noch dazu? Ich fasse es nicht.

Vor einigen Jahren ist unser langjähriger Dorfbäcker für immer verschwunden. Warum wohl? Damals bin ich auf der Suche nach Alternativen und klingele bei verschiedenen Rhöner Hoteliers-Kollegen durch. Erst jetzt wird mir – dem Träumer – klar: KEINER kauft Brötchen beim Bäcker. Die Kollegen backen alle selbst. Soll heißen: Sie backen irgendwelche vorgefertigten, tiefgekühlten Teiglinge unbekannter Herkunft auf. Jetzt ist mir schlagartig auch klar, warum es bald keine Dorfbäcker mehr geben wird. Es dauert Monate, bis ich fündig werde und einen jungen Bäcker finde, der seine Brötchen auch ausliefert und spätestens um 7.30 Uhr bei uns an der Türe steht. Bis dahin überbrücken auch wir die Wochen mit Fertigteilen aus der tiefen und eiskalten Truhe. Als ich zu dieser Zeit wie jeden Morgen Brötchen aus unserem Betrieb für uns privat hole, entsteht folgender Dialog zwischen meiner Mama und mir:

Ich: „Och nöö, Mutter! Schon wieder die chinesischen Teiglinge zum Frühstück. Wird echt Zeit, dass wir wieder einen gescheiten Bäcker finden."

Meine Mama: „Ich weiß gar nicht, was du hast. Jetzt werden die Brötchen endlich mal von den Gästen gelobt."

Ich: „Ja, die Lebensmittelindustrie hat uns eben erfolgreich daran gewöhnt Scheiße zu fressen!"

DAS
EINFACHE UND ECHTE

KANN MAN NICHT
HOCH GENUG

EINSCHÄTZEN

IN ZUKUNFT

WIRD ES FAST

UNBEZAHLBAR SEIN

J.H.KRENZER 1999

Rhönlammtiegel süßsauer

Als ich Anfang der 90er Jahre den Rhönlammtiegel erfand, konnte ich nicht ahnen, dass dieses Gericht mal ein echter Klassiker wird. Hier der O-Ton aus dem Kochbuch-Klassiker „Dem Rhönschaf auf der Spur":

Der Rhönlammtiegel ist ein originell verfeinertes Lammgulasch. Man muss nicht unbedingt südländisch oder asiatisch kochen, wenn man die Kombination „süß-sauer" haben will. Auch mit Rhöner Produkten wie Apfelwein und Honig ist das möglich. Der wildbretartige Geschmack des Rhönschafffleisches kommt bei dieser Zubereitung verstärkt zur Geltung. Man kann eben das Rad nicht neu erfinden, aber man kann die Reifen wechseln.

Das benötigst du für den Apfelwein-Honig-Aktivator:

— 1 ganzer Liter Apfelwein (hausgemacht oder vom Kelterer deines Vertrauens)

— 120g Rhöner Imkerhonig

— 2 kleine Esslöffel Apfelessig

— 1 Teelöffel Salz

— 1 Zweig frischer Thymian

— oder 1 normaler Esslöffel getrockneter gerebelter Thymian

BSP FOTO

Bandnudeln

Deko
(viel zu groß!)

111

Lamm

Neiselpfanne

Gasflamme
(zur Inszenierung!)

Und das für den Lammfleischtiegel:

- 600g Keulen- oder Schulterfleisch
  vom Rhönlamm in 2 cm großen Würfeln

- 150g Zwiebeln, fein gewürfelt

- 1 großer Esslöffel Tomatenmark

- 50g Weizenvollkornmehl

- 150g akkurate Würfel von Karotten und Sellerie,
  max. Kantenlänge 1,5 cm

- 2 Äpfel in feinen Würfeln, also maximal 0,5 cm

- Öl zum Anbraten

- Salz, Pfeffer, Piment(!), Rosmarin, Thymian, Honig,
  1 Flasche Belohnungs-ApfelSherry für den Koch/die
  Köchin und etwas davon zum Abschmecken

Und so geht's:

Alle Zutaten für den Aktivator in einen Topf geben, aufkochen und wieder erkalten lassen. Die Lammfleischwürfel erst jetzt hinzugeben und 1–3 Tage darin marinieren. Fleisch in ein Sieb geben und Flüssigkeit auffangen.

Öl erhitzen und das Fleisch anbraten bis es karamellisiert. Gerne kann auch noch ein bisschen Honig dazu. Die Zwiebelwürfel erst dazu geben, wenn das Ganze farblich ordentlich in die dunkelbraune Richtung geht. Jetzt kann auch das knallrote Tomatenmark dazukommen. Nochmal durchrösten, aber nicht zu dunkel (schwarz) werden lassen. Mehl einstäuben, kurz Farbe nehmen lassen und mit der aufgefangenen Flüssigkeit ablöschen. Falls noch Flüssigkeit fehlt, bitte mit Apfelsaft oder Apfelwein nachjustieren. Lammfond geht natürlich auch. Mit Wasser kochen kann jeder. Du nicht! Den gut abgeschmeckten Gulaschansatz nun 40 bis 60 Minuten schmoren lassen, also bis das Fleisch weich ist. Musst du zwischendurch einfach mal probieren. 10 Minuten vor Ende der Garzeit das Gemüse hinzufügen.

Ganz zum Schluss Apfelstückchen hinzugeben und final mit den Gewürzen und Kräutern nachschmecken. Den Piment nicht vergessen :-).

Dazu, fällt mir gerade ein, passen bestimmt supergut richtig hochwertige Linguine. Ich habe es noch nicht ausprobiert, aber mir läuft jetzt schon das Salz im Nudelwasser zusammen...

Der Mensch hat das Kauen verlernt

Samstag, 24. September 2011, 20.45 Uhr. Ich laufe kurz vor meiner Vorstellung im Rhöner ApfelSherry-Theater noch einmal durch die Küche. Ein Fehler, wie ich kurz darauf feststelle.

Es gibt Reklamationen. Unser Lammrücken vom Rhönschaf sei zäh. Meine Mädels in der Küche sind völlig aufgekratzt. Denn das kratzt an ihrer Ehre. Sie braten mir verschiedene Stücke, damit ich mir selbst ein Bild machen kann. Ich probiere das kurzgebratene Rückenfleisch. Und in der Tat: Es zergeht nicht sofort auf der Zunge. Man muss schon darauf beißen. Und kauen. Und nach zwei, dreimal kauen entwickelt sich der kernige, wildaromatische Geschmack, den ich (und nicht nur ich) am Rhönschaf-Fleisch so liebe.

Rückblick: Vor exakt einem Jahr hatte ich in Südtirol eine Podiumsdiskussion mit Sterneköchen. Und der Kollege Hintner aus Eppan sagte: „Der Mensch hat das Kauen verlernt. Das ist der Grund allen Übels!" Wie Recht er doch hat! Kaum einer weiß heute noch, wie ein herzhaftes Stück Fleisch schmeckt. Und kaum einer kann noch richtig kraftvoll zubeißen (früher der Claim einer Zahnpasta-Werbung). Wir sind es scheinbar gewöhnt, halb verwestes Fleisch aus Argentinien, Uruguay oder Botswana zu essen. Fleisch, das durch den Transport mehrere Wochen reift. Reift? Naja. Für mich ist Fleisch nach einigen Wochen kein Fleisch mehr. Sondern Kadaver. Der tatsächlich auf der Zunge vergeht. Im wahrsten Sinne des Wortes.

Neulich war ich Zuhörer auf einem Bäcker-Kongress. Der Referent auf der Bühne brachte den interessierten Zuhörern die neuesten Trends rüber. Die kommen natürlich – zu 110% – aus den USA. Das Brot darf keine harte Kruste mehr haben, die Brötchen müssen muffinweich gebacken werden. Denn sonst bekommen die Amis Zahnfleischbluten. Und wir in Zukunft auch! Oh mein Gott! Müssen wir eigentlich jeden Scheiß mitmachen?

Die Menschen bekommen Zahnfleischbluten, weil sie nicht mehr kauen. Sie haben Rückenprobleme, weil sie sich nicht mehr bewegen. Und sogar zwei Kilogramm schwere Koffer hinter sich herziehen. Sie bekommen Bandscheibe, weil sie einfach zu viel Bauch haben. Und sie bekommen Bauch, weil sie nur noch Muffins essen. Ist doch logisch. Wir werden alle zu Weicheiern, wenn wir so weitermachen. Schlabbrig, wabbelig, leblos. Wie das Gammelfleisch, das auf der Zunge zergeht.

Ach, noch ein Trend:

Wein wird jetzt wieder „gekaut". Immerhin.

Der Kantenbrotmann

Das Leben ist hartes Brot

Im Sommer 2020

Einen ganzen Tag ist unsere Auszeit jetzt alt. Und eigentlich wollte ich nicht viel schreiben. Doch dann das. Denn heute musste ich live in einem sehr bekannten Biergarten in Franken miterleben, welche Probleme die Menschen wirklich haben. Was sie bewegt. Und zerstört. Mir begegnete ein verzweifelter Mann im Frührentneralter, für den heute seine Welt zusammengebrochen ist. Für immer. Niemand konnte ihm helfen, selbst ich stand kurzzeitig unter Schock. Auch die Bedienung und der Chef konnten ihm nicht beistehen. Als für immer gebrochener Mann verlässt er unter dem Beileid der anderen Gäste seine letzte Bühne.

Was war passiert? Er ordert – wie seit 40 Jahren – in der Kathi-Bräu sein Schinkenbrot. Bis das Brot kommt, ist die Welt noch in Ordnung. Er ist gut drauf und erklärt den Menschen am Tisch die Welt. Seine Welt. Die ist jetzt, als das Brot mit Schinken auf dem Tisch steht, für immer aus den Fugen geraten. Es gibt nämlich ein anderes Brot. Nicht mehr das von ihm so bezeichnete Kantenbrot. Und jetzt dreht er am Rad. Und ist auf Kante genäht. Er hört nicht auf, darauf hinzuweisen, dass dieses Brot hier früher besser gewesen ist. Keiner kann ihm entkommen. Der Chef erhält sogar noch eine Unternehmensberatung von ihm. Meine Töchter halten mich fest, damit ich mich nicht einmische. Und dem Typ an die Gurgel gehe. Trotzdem quittieren sie diese groteske Szene mit Lachen. Beste Unterhaltung. Wenn das Thema nicht so ernst wäre. Denn eine Welt ist zusammengebrochen. Die Welt des Kantenbrotmanns. Mehr nicht. Oder doch?

R.I.P., lieber Kantenbrotmann. Und vielen Dank für den unterhaltsamen Nachmittag.

Tellerrand

„Jürgen muss sich ein schnelleres Arbeitstempo zulegen, er lässt sich viel zu leicht ablenken." (Schulzeugnis)

Beides stimmt. Bis heute. Was in der Schule aus Lehrersicht schlecht war, kann im Leben ein großer Vorteil sein. Bei mir ist es so. Und ja, ich bin auch heute nicht der Schnellste.

Ich erreiche wie beim Sport trotzdem das Ziel. Und kann es viel mehr genießen. Und ja, ich lasse mich seeeehr gerne ablenken. Ständig. Ich nenne es „über den Tellerrand hinausschauen".

Es ist unheimlich wichtig, dass man nicht nur im eigenen Sud pochiert. Sondern auch mal andere Fonds und Brühen ausprobiert. Es lohnt sich, darüber nachzudenken.

Angebliche Schwächen können extreme Stärken sein.

Schuljahr 1. 1. und 2. Halbjahr* 19 71/72
 Klasse: I

Führungszeugnis

ausgestellt am: 12.7.72

Betragen: 2

Fleiß: 2

Aufmerksamkeit: 3

Ordnung: 3

Bemerkungen:

Leistungszeugnis

ausgestellt am: 12.7.72

Religionslehre:

Leistungen im Gesamtunterricht D 2
(gut) (−) R 3

Jürgen muß sich
ein schnelleres
Arbeitstempo an-
eignen. Es läßt sich
leicht ablenken.
Im Rechnen sind
die Leistungen
befriedigend.

Bemerkungen: versetzt.

Versäumnisse insgesamt: 10 1 Tage

davon wegen Krankheit: 10

mit besonderer Beurlaubung (−) 1 Std,

unentschuldigt: −

*Die Schulanfänger erhalten nur am Ende des ersten Jahres ein Zeugnis

Müller   Müller

Schulleiter   Klassenlehrer

is genommen:

Willi Kraus

Unterschrift des Erziehungsberechtigten

eines

Von Dealern
und Junkies

Ich habe es in meiner über 15-jährigen Laufbahn nicht einmal erlebt, dass eine Kolumne von mir ignoriert wurde. Dass über den ein oder anderen Text durchaus heftig in den Redaktionen diskutiert wird, ist normal. Ich kann einfach nicht die Fresse halten. Aber ich habe noch nie erlebt, dass mein Text nicht abgedruckt wird, ohne vorher ein Feedback zu bekommen. In etwa so: „Sorry, Herr Krenzer, das machen wir nicht!" Einmal ist es passiert. Das sollte ein origineller Beitrag für die AHGZ werden, der Allgemeinen Deutschen Hotel- und Gastronomiezeitung. Auslöser dieser Kolumne, die dann doch keine wurde, war die Provisionserhöhung eines bedeutenden Hotel-Buchungsportals. Das hat wochenlang die Hotellandschaft und die Fachmedien in ganz Deutschland beschäftigt. Warum? Das frage ich mich noch heute. Ändern konnten sie es ja doch nicht. Ziemlich ineffizient. Aber so ist eben meine Branche. Und hier ist die Geschichte.

Am Anfang war es für Hermann nur ein Test. Neugierde. Anfixen nennt man das in der entsprechenden Fachsprache. Es machte Spaß. Und er erhöhte die Dosis. Nach und nach. Den Stoff für seine Träume bekam Hermann zu soliden Preisen aus zuverlässiger Quelle. Und bald erhöhte er die Dosis, bis hin zur vollkommenen Abhängigkeit. Das ging ihm nicht alleine so. Oft trifft er sich mit anderen Junkies zum Erfahrungsaustausch. Und irgendwann plaudert jemand gegenüber

den Dealern aus, was im Schnitt in diesem Land für den Stoff bezahlt wird. Wesentlich mehr als Hermann und die Kollegen selbst ausgeben. Auch nicht dumm, korrigiert der bisher seriöse und von allen geliebte Dealer die Preise nach oben. Zum Entsetzen von Hermann und den anderen Junkies. Sie fassen es nicht! Sehen erst jetzt, in welche Abhängigkeit sie sich begeben haben. Und jetzt, wo der Körper schon ruiniert ist, kommt auch bald das finanzielle Aus.

In ihrer Verzweiflung schließen sie sich zusammen und prangern die Dealer in den neuen Medien an. Wollen diese Kleinkriminellen boykottieren. Zumindest für kurze Zeit. Aber selbst die haben viele ihrer Junkie-Kollegen nicht. Die würden ohne den Stoff sofort elendig verrecken. Und die aus Hilflosigkeit angezettelte Medienkampagne wird zum Rohrkrepierer. Das

Umfeld von Hermann und Co. ist entsetzt. Entsetzt über die Lebensgewohnheiten dieser immer als bieder und langweilig wahrgenommenen Menschen. Und sie wenden sich fremdschämend ab. Suchen Kontakte zu den Menschen, die noch nicht im Junkie-Dealer-Mechanismus vollends verkommen sind. Das wird allerdings ziemlich schwierig. Hermann und seine Freunde begreifen jetzt erst, dass sie jahrelang ein Monster gefüttert haben. Und jetzt von diesem Monster gefressen werden. Na dann, Guten Appetit!

Und die Moral von der Geschicht':
Verlerne selbst das Dealen nicht!

Klimawandel

ein, ich schreibe hier nicht über den Klimawandel. Obwohl ich als Apfelbauer natürlich mitbekomme, dass sich gerade jetzt gewaltig etwas verändert auf unserer Erde. Konnte man noch vor zehn Jahren seine Ernten auf der Streuobstwiese sicher kalkulieren, ist das jetzt nicht mehr möglich. Vorbei sind die Zeiten mit einem guten und einem darauffolgenden, schlechteren Alternanz-Jahr, in dem sich die Bäume von der guten Ernte erholt haben. Clever, oder? Und alle vier Jahre gab es eine Apfelschwemme. Das ist lange her. Ich schreibe hier über einen Apfelsherry, den ich provokativ

„Klimawandel" nenne. Weil die Fässer nicht im Keller, sondern draußen lagern. Zwar überdacht, aber immer dem Klima der Rhön ausgesetzt. Und das ist schon krass, das rhönesische Klima. Im Winter herrschen hier Temperaturen von bis zu -20 Grad Celsius. Einen heißen Sommer haben wir ebenfalls, auch wenn es noch vor Jahren keiner glauben mochte. Bis +35 Grad sind hier bei uns drin. In Summe für meinen Apfelsherry knapp 55 Grad Entwicklungstemperatur.

Für das Produkt ist ein Sommer schon sehr herausfordernd, da passiert eine ganze Menge in den Holzfässern. Der Apfelsherry arbeitet. Die Mikroorganismen lieben die Wärme. Und das ist gut so. Allerdings würde es nicht funktionieren, wenn immer Sommer wäre. Dann würde sich der Fassinhalt kaputt arbeiten. So wie wir Menschen eben. Sobald es kälter wird, lässt die Arbeitsintensität der kleinen Teufelchen nach und bei unter 10 Grad hören sie auf. Das ist die wichtigste Phase für den Sherry. Die Ruhe. Nur in Ruhe kann er zu etwas Besonderem heranreifen. Die Wärme war gut für die Entwicklung, da wird hart gearbeitet. Die Ruhe nach der Arbeit ist genauso wichtig. Oder vielleicht noch wichtiger. Und so reift das Produkt wesentlich schneller als im konstant temperierten Keller.

Warum ich das schreibe? Weil wir Menschen von der Natur lernen können. Arbeiten und Erholen. Du glaubst, wir machen das? Nein! Das ist lange her, als der Mensch solche Arbeits- und Ruhephasen wie mein Klimawandel hatte. Noch vor 100 Jahren gab es im Winter in der Rhön einen natürlichen Lockdown. Da lag so viel Schnee, dass keiner vor die Türe gegangen ist. Man hat dafür im Sommer von früh bis spät hart gearbeitet, solange es Tageslicht gab. Im Winter fährt das Tageslicht runter – und man selbst sollte es auch tun.

Und was machen wir? Wir machen die Nacht zum Tag, wollen nicht wahrhaben, dass wir zur Ruhe kommen sollen. Und fliegen im Winter dorthin, wo Sommer ist. Das ist weder sinnvoll noch nachhaltig. Und leider noch nicht einmal teuer.

Ich finde es keine gute Idee, Kinder bei Dunkelheit in die Schule zu schicken. Morgens sitzen da doch lauter kleine Zombies vor den Lehrern. Eine junge Lehrerin meinte neulich zu mir, das sei ganz gut so. Denn sie ist am frühen Morgen auch noch ein Zombie. Ja wunderbar, läuft. Nicht.

Es ist auch gegen die Natur, bei schönstem Sonnenschein im Bett zu liegen, außer man ist krank oder hat einen schlimmen Kater. Auf letzteren hat meine Mama allerdings nie Rücksicht genommen. Wenn wir es wieder schaffen würden, die Jahreszeiten intensiver zu leben, dann ginge es uns Menschen wesentlich besser. Wir entwickeln uns und wir reifen.
Darauf einen Klimawandel!

DIE GRÖSSTE GEFAHR

IN ZEITEN DER VERÄNDERUNG

IST NICHT DIE VERÄNDERUNG

SONDERN MIT DER LOGIK VON GESTERN

ZU HANDELN

Vollgekackte Windeln

Ein Thema, über das in diesen Zeiten sehr viel geredet, geschrieben und diskutiert wird, ist Nachhaltigkeit. Und die Marketingleute haben dieses Trendthema jetzt für sich entdeckt. Und wenn das so ist, eben genau dieses Thema für die Werbung missbraucht wird, dann ist es durch. Aber so was von. Wirklich?

Wer hat sie eigentlich erfunden, die Nachhaltigkeit? Nein, ausnahmsweise mal nicht die Schweizer. Der Legende nach die Forstwirtschaft, die vor knapp 300 Jahren damit begann, nicht nur abzuholzen, sondern auch anzupflanzen. Aber oftmals werden auf falschen Flächen die falschen Bäume gepflanzt. Wie beispielsweise auch bei uns in der Rhön. Das ist nicht nachhaltig.

In meiner geliebten Rhön lebt man aber trotzdem recht nachhaltig. Und kaum einer bekommt es mit. Fast keiner. Die Weltkulturorganisation UNESCO hatte die Rhön schon kurz nach der Wende in Deutschland auf dem Startbildschirm, und hat sie 1991 mit dem Prädikat „Biosphärenreservat" ausgezeichnet. Wir gehen in unserer Region seitdem völlig neue Wege. Inspiriert durch die Nachhaltigkeitskonferenz 1992 in Rio (ja so etwas gab es schon damals!) entscheiden wir uns für eine nachhaltige Entwicklung („Sustainable Development"). Und auch für einen sanften Tourismus. Als Region Rhön und als krenzers rhön. Das war und ist nicht so einfach, weil auch neu. Leider haben wahrscheinlich deshalb nicht alle 172 Staaten mitgezogen, obwohl sie dieses Papier unterzeichnet haben.

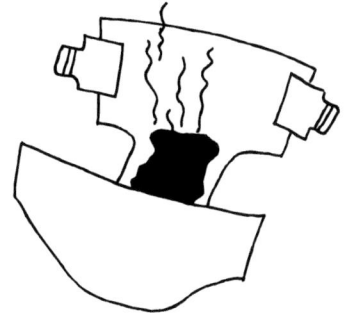

Aber das gibt es ja heute auch noch. Mit der Natur wirtschaften, ohne ihre Grundlage zu zerstören. Das war der Plan. Nun ja, Planung ersetzt bekanntlich den Zufall durch Irrtum. Jetzt haben wir die Chance, es endlich besser zu machen.

Bei all dem ganzen Nachhaltigkeits-Gefasel einer Gesellschaft, die gar nicht weiß, was das ist, bleibt nur der optimistische Blick in die Zukunft. Denn Nachhaltigkeit ist Zukunft. Eine Zukunft, die in den letzten 75 Jahren noch nie so unsicher war. Und spannend. Wir brauchen Veränderung. Aber der einzige Mensch, der nach Veränderung schreit, ist ein Baby mit voll gekackten Windeln.

Wir müssen größer denken, um diese Ziele zu erreichen. Und größer denken heißt in diesem Fall, stark zu sein. Den Mainstream zu verlassen. Denn nicht die schnelle Gewinnmaximierung ist das Ziel. Sondern eine langfristige Denke, die uns die Land- und Forstwirtschaft lehrt. Wir sind total ab- bzw. durchgedreht. Zu schnell unterwegs. Und das auch noch auf dem falschen Weg. Wir haben es nicht geschafft, die wahren Werte zu sehen.

Stattdessen gilt immer noch das Prinzip „Time is Money".

So what? Time to say goodbye!

Das Ziel ist im Weg

Viele Wege führen zum Ziel.

Doch oft ist das Ziel auch im Weg.

Ziele sollen uns führen. Das ist der Plan.
Also Hirn an.

Dabei schalten wir Bauch und
Emotionen aus. Und sind raus.

Wir sind strebsam. Und gefühlsarm.

Sieht so Führung aus?

Irgendwann erreichen wir das Ziel.
Und dann?

Nach viel zu kurzer Freude entsteht Leere.

„Sie haben ihr Ziel erreicht!"
Was löst das bei uns aus?

Genau. Aussteigen.

Quatsch.

Ein neues Ziel suchen. Und erreichen.

Immer wieder.

Warum?

Der Klaus-Kinski-Effekt

Ordnung hat in der Gastronomie sehr viel mit „Mise en Place" zu tun. Was so viel heißt, dass alles am richtigen Platz ist. Das ist wichtig, wenn am nächsten Tag ein anderer Kollege in der Schicht ist. Der sollte schon wissen, wo die Kräuterbutter steht. Und das Paniermehl. Und nicht eine Stunde suchen, nur weil der Kollege „kreativ" war und die Viktualien irgendwo anders hingestellt hat. Solche netten Kollegen kennen wir alle, die braucht aber auch niemand. Wir brauchen Ordnung. Was das Arbeitsleben erleichtert, erschwert oft das Privatleben. Schöner Satz, oder?

Eigentlich sind wir ja die Meister des Trennens (siehe auch „Work-Life-Bullshit"). Meine Meinung als Koch dazu: Eier werden in Eigelb und Eiweiß getrennt. Oftmals fliegt dann eines von beiden in die Tonne, meist ist es das Eiweiß. Du kannst Eier trennen, kannst es aber auch lassen. Dein Leben kannst du nicht trennen. Wir tun es aber trotzdem. Und deshalb fliegt davon meist auch ein Teil in die Tonne. Welcher ist es bei dir? Im Privaten sollten wir die Ordnung konsequent verlassen. Warum fällt uns das so schwer? Hier könnten wir kreativer werden. Und auch gerne mal vom Rollenverständnis loslassen. Irgendwie versuchen uns die Coaches dieser Welt seit Jahren einzutrichtern, dass wir Ordnung halten sollen (z.B. im Büro immer einen leeren, aufgeräumten Schreibtisch) und unsere Rollen einnehmen müssen. Und? Beruflich macht das manchmal Sinn. Aber nicht immer. Ich bin Chef und Lehrling zugleich. Und privat ist es sowieso sinnlos. Das ist doch tota-

ler Nonsens und macht krank.
Auch bei mir wurde das versucht. Ich habe geduldig beobachtet und konnte meine Coaches überlisten. Auf die Frage Mitte März 2020, was denn meine Rollen seien, antwortete ich wie aus der Pistole geschossen: „Krisenmanager!" Und genau das war und bin ich. Volle Konzentration darauf. Übrigens sehr erfolgreich. Und jetzt gerade

finde ich mich in der Rolle des Unternehmensentwicklers wieder.

In meinem Freundeskreis habe ich einen Schauspieler. Von ihm weiß ich, dass Rollen dauerhaft etwas sehr Anstrengendes sind. Weil – du bist ja nicht

du selbst. Du spielst eine Rolle. Das kostet Energie. Wenn das auch noch eine negativ behaftete Rolle ist, frisst das exponentiell Energie. Ich nenne das den „Klaus-Kinski-Effekt". Der war im wirklichen Leben auch der Bösewicht. Und – Überraschung – da wirst du wirklich das, was du spielst. Wenn du das willst, ist das in Ordnung. Es ist Deine Entscheidung.
Deine Rolle bist du selbst.
Sei einfach du selbst. Du bist deine Hauptrolle. Und mache mal etwas Verrücktes und falle aus der Rolle. Auch wenn dich alle für bekloppt halten. Es geht um dich. Und nicht um die anderen.
Mein Lieblingsspruch hierzu: Viele Menschen sind schon mit 25 gestorben, werden aber erst mit 80 beerdigt.

 „NEIN"

IST EIN GANZER
SATZ

 134

ISSO

135

Stammtisch

I ch liebe es, dem Volk auf den Mund zu schauen. Und wo kann man das besser, als neben illustren Stammtischrunden im Bierlokal. Die sind jedoch vom Aussterben bedroht. In meiner zweiten Heimat Oberfranken gibt es dafür (ganz im Gegenteil zu anderen Regionen der Republik) noch reichlich Gelegenheit. Auch wenn es die Politik nicht wahrhaben will, da kommt viel Wahrheit an die Oberfläche. Dabei muss man nicht unbedingt immer mitreden. Es reicht auch, sich einfach mit einem Seidla Bier an den Nebentisch zu setzen, die Fresse zu halten und zuzuhören. Ich kann das. Manchmal.

Alle regen sich über Sexismus & Co. auf, aber keiner merkt, welche martialische Kriegssprache wir im Alltag anwenden. Ist es die Sehnsucht nach einem Krieg, den es schon 75 Jahre nicht mehr gab?
Das Küchenteam heißt vielerorts immer noch „Küchenbrigade" – schon gewusst?

Wir brechen in Märkte ein, wir erobern Marktanteile. Wir verteidigen unseren Kundenstamm. Wir greifen mit einem neuen Produkt an. Wir gehen mit der Nachhaltigkeit in Stellung. Oha. Nachhaltigkeit ist nicht emotional, jedenfalls nicht bei Wikipedia. Konsum ist allerdings emotional, zumindest was die Werbebranche daraus macht. Spülmittelflaschen werden jetzt nachhaltig hergestellt. So what? Und was ist mit dem Inhalt? Genau! Darum geht es ja gar nicht mehr. Hatte ich schon vergessen. Inhalte sind nicht mehr wichtig.

Wir sind krank. Weil wir stolz sind, ein Schnäppchen gemacht zu haben. Und das schreibe ich einen Tag vor dem Black Friday. Mittlerweile gibt es schon eine Black Week. Irgendwann einen Black Month. Und letztendlich ein Black Year. Naja, ein schwarzes Jahr haben ja viele von uns gerade.

Frage: „Haben Menschen Marktmacht?" Vielleicht haben sie nur den Markt, der für sie gemacht wird. Schon mal darüber nachgedacht?

Haben wir nicht eine Welt voller Lemminge? Und warum ist das so?

Früher haben wir an die Kirche geglaubt, heute glauben wir an das System.

Wir haben ein Wirtschaftssystem, das auf Erwartungen und Hoffnungen statt fundamentaler Daten basiert. Ist das nachhaltig?

Bargeld ist extrem nachhaltig, es ist nicht vom Glauben abhängig. Es ist da – oder auch nicht. Aber nicht mehr lange.

Die Regierenden setzen nicht auf Nachhaltigkeit, sie reden nur drüber. Wir haben ein manipulatives System, und jeder von uns steckt da mit drin. Jeder.
Ist Nachhaltigkeit nicht extrem ressourcenorientiert, monetär und eher greenwashing?

In unserer Gesellschaft gibt es kein „come together" mehr. Es gibt nur noch schwarz-weiß, rot-grün, reich-arm, gesund-krank. Wir sind wieder im Mittelalter angekommen. Die neuen Medien überfordern uns und sorgen damit dafür, dass wir manipuliert werden. Es ist nicht immer nur das Fernsehen schuld. Inkonsequenz will letztendlich alles bedienen. Das ist totaler Quatsch!

Je komplizierter die Welt wird, um so einfacher ist der Mensch gestrickt!

ApfelSherry-Tapas

(aka Rhöner Handgreiflichkeiten)

Wusstest du, dass Tapas eigentlich Brotdeckelchen sind, die in Spanien auf das Sherryglas drapiert werden, damit die Fliegen nicht zu Alkoholikern werden? Für mich sind diese Kleinigkeiten eine geniale Erfindung. Man hat immer eine Hand frei fürs Kaltgetränk oder eben noch etwas anderes. Hier mal eine Interpretation mit Apfel und Blutwurst. Stopp! Nicht irgendein Apfel, es sollte natürlich Streuobst sein und dazu noch eine alte Sorte. Zum Beispiel die Goldparmäne. Und aufgepasst bei der Blutwurst. Die sollte nicht alt sein. Und natürlich von einem Metzger kommen, der noch nach alter Tradition hausgemachte Wurstsorten ohne Gewürzpräparate herstellt. Die sind vom Aussterben bedroht. Also, die Metzger. Das Rezept ist einfach, du musst nicht kochen können. Ich liebe einfache Rezepte. Und wie heißt es so schön im Zeichentrick-Klassiker „Ratatouille": Jeder kann kochen!

Und so geht's:

Goldparmäne in 4–5 nicht zu dünne Schnitze schneiden. Sonst schneidest du dir in den Finger.

1 Esslöffel Blutwurst aus der Büchse (Dose geht auch, Glas ist auch o.k.) in heißer Pfanne (kein Fett dran, gute Blutwurst ist fett genug – siehe auch mein Rezept Steckrübensuppe) auslassen und dann die Apfelspalten mit fein gewürfelten Zwiebeln anbraten.

Rhöner Eiche

**Apfel
Blutwurst
Brotwürfel
Symbiose**

Bierglas
(Schi-Schi-Optik)

Mit einem Schuss Apfelcidre oder einem Mix aus Apfelwein und Apfelsaft ablöschen (noch besser ist natürlich Apfel-Sherry). Er sollte in knapp 3 Sekunden komplett aus der Pfanne verschwunden sein. Nun fix in ein dekoratives Glas füllen (ich weiß, du hast so was) und mit buntem Pfeffer aus-garnieren.

Sooo lecker!

Ach, fast vergessen: 3 Stück in Butter angeröstete Brotwür-fel noch unten ins Glas rein, bevor der Pfanneninhalt hinein-kommt!

Aus dem wird mal nix

Ich betrete die Tankstelle und will bezahlen. Da spricht mich eine ältere Dame mit den Worten an: „Jüüüürgen, du Fernsehstar!" Ich schaue etwas verwirrt, weil ich dachte, der Drews steht hinter mir. Und dass mich hier in der großen Stadt sowieso keiner kennt, ist eigentlich klar. Ein Fernsehstar bin ich schon mal lange nicht. Falsch gedacht. Die Dame, ihr Spitzname ist „Hufi", ist eine ehemalige Arbeitskollegin von mir. Genauer gesagt haben wir während meiner Ausbildungszeit in Fulda zusammengearbeitet. Und uns sehr gut verstanden. Schon ein paar Jahre her, Anfang der 80er. Oh mein Gott!

142

Wir kommen ins Gespräch. Sie war, ich kann mich noch gut erinnern, eine Lieblingsmitarbeiterin meines Ex-Chefs. Und saß auch oft mit ihm im verglasten Büro, von dem aus man gut das Küchengeschehen beobachten konnte. „Weißt du Jürgen", sprudelt es aus ihr heraus, „immer, wenn dich unser Chef hat vorbeilaufen sehen, sagte er: „Aus dem wird mal nix!"

Ich schaue sie an und muss lachen. Das höre ich jetzt zwar zum ersten Mal nach 37 Jahren, wundern tut es mich allerdings nicht. Ich hatte schon immer das Gefühl, dass mein Chef mir nichts oder nur wenig zutraut. Vielleicht war das damals auch so. Ich bin im zarten Alter von 15 Jahren nach Fulda gezogen, war etwas pummelig und auch sehr schüchtern. Und Minderwertigkeitskomplexe kamen auch noch dazu. Heutzutage würde man es vielleicht ganz anders diagnostizieren, aber das soll nicht das Thema sein. Das sollte sich allerdings nach zwei Jahren Ausbildung komplett drehen. Ich bin für die tolle Lehrzeit heute noch dankbar, auch wenn mir mein Chef nichts zugetraut hat. Letztendlich setzt sich mit ihm nur die Lerngeschichte mit meinem verstorbenen Vater fort. Ist dann fast so ein Stück Normalität. Du bist halt ein Verlierer. Isso. Wie vielen Menschen geht es so? Und viele kommen aus dieser Negativ-Spirale einfach nicht raus.

Klar, ich bin jetzt schon ein Typ, der es anderen zeigen will. Und auch kann. Aber warum eigentlich? Ist doch totaler Quatsch. Die haben dich doch sowieso schon in eine Schublade gesteckt. Auf meiner steht dann eben „nix" drauf. Heute weiß ich, ich muss anderen nichts beweisen. Andere interessieren mich nicht mehr. Fast nicht. Denn zehn Jahre später lerne ich meinen väterlichen Freund Dieter kennen. Er ist ein Mensch, der an mich glaubt und einer der ersten, der meine Fähigkeiten und Talente entdeckt. Die habe ich nämlich zeitweise auch schon wieder vergraben. Hat ja keinen interessiert. Es ist ein tolles Gefühl, zu wissen, dass es da draußen auf der Welt jemanden gibt, der an dich glaubt. Nach einem Vierteljahrhundert darf ich das erleben.

Und ich lerne noch etwas: Im Laufe der Jahre gehe ich immer mehr Menschen aus dem Weg, die mir nicht guttun. Es ist aber nicht immer leicht. Denn diese Energiefresser schleichen sich ganz geschickt von hinten an. Und es fällt dir am Anfang gar nicht auf, dass du nach einer Begegnung mit ihnen einfach schlechter drauf bist.

Ich bin heute sehr dankbar dafür, dass ich in den letzten dreißig Jahren einige wenige Menschen um mich herumhabe, die an mich glauben. Das ist so wichtig. Das gibt so viel Energie. Und du gibst diese Energie wieder an einen oder mehrere Menschen zurück, an die du glaubst. Solch eine Energie kann man nicht stoppen. Ich wünsche mir für die Zukunft, dass wir alle so wahnsinnig viel Energie in uns tragen, transportieren und empfangen, dass die Energiefresser da draußen keine Chance haben.

NICHT DAS
ERREICHTE
ZÄHLT

146

SONDERN DAS
ERZÄHLTE
REICHT

Jürgen H. Krenzer

Ein Rhöner auf dem Hochrhöner

Ein Erfahrungsbericht

parzellers
BUCHVERLAG

Wer bin ich?

Du kannst zwar viele Berufe haben, hast aber nur eine Berufung.

Wer bin ich? Früher stand am Ende dieser Frage die Berufsbezeichnung. Und wenn der Beruf tatsächlich auch Berufung war, dann ist man im Einklang mit sich. Meistens.

Heutzutage, wo viele Menschen oft mehr als einen Beruf bzw. eine Tätigkeit ausüben, wird es schwierig. Es gibt ja immer noch Formulare, da musst du was reinschreiben. Und dann steht nur eine Zeile zur Verfügung. Was soll ich da bloß schreiben?

Koch? Hotelbetriebswirt? Bierbrauer? Apfelwinzer? Hotelier? …?

Nach dem heutigen Telefonat mit meiner besten Freundin Imme weiß ich, was ich schreibe: Geschichtenerzähler. Ja, ich bin ein Geschichtenerzähler. Das ist mein Leben. Das begeistert andere Menschen. Wenn die Leute zu dir sagen: „Ich könnte Ihnen stundenlang zuhören!" Dann bist du ein Geschichtenerzähler. Es hat zum Beispiel noch niemand zu mir gesagt: „Ich könnte stundenlang Ihre Lammkroketten essen." Oder: „Ich könnte stundenlang Ihre Weine aus Äpfeln trinken." Habe ich noch nie gehört.

Also Geschichtenerzähler. Schöner Beruf, finde ich. Und eine ziemlich geile Berufung.

Du bist das, was du am besten kannst. Und damit andere begeisterst. Und oftmals sind es unspektakuläre Talente, die in uns schlummern. Es lohnt sich, diese zu entdecken. Oder entdecken zu lassen.

Und was sagen die Leute so über dich?

Oh Frau!

Immer wieder lese ich, dass Männer besser verdienen, mehr Führungspositionen innehaben und allgemein erfolgreicher sind als Frauen. Die vielfältigen Gründe werden in diesen Artikeln oftmals mitgeliefert. Aber, wenn das wirklich stimmt: Könnte es vielleicht sein, dass wir Männer uns einfach nur besser verkaufen? Vielleicht sollten Frauen auch mal aufhören, die Fresse zu halten.

Frühjahr 2016. Nach einer Erlebnis-Wanderung mit meiner Familie erhole ich mich von den Strapazen der bierigen und vor allen Dingen langen Wanderung in der Obermain-Therme in Bad Staffelstein. Eine wunderschöne Location mit über zehn Saunen und einem Naturbadesee. In letzteren bin ich gestern nach der Sauna gehüpft. Das war keine gute Idee.

Außentemperatur 8 Grad Celsius, Wassertemperatur gefühlt 1 Grad Celsius. Also schwimmen konnte ich in diesem arschkalten Teich nicht und bin sofort wieder raus. Ich habe gestern auch keinen anderen gesehen, der darin geschwommen ist. Logisch! Am kalten Duschwasser hätte ich mich danach fast verbrannt.

Und jetzt das: Ich komme gerade aus der Kelosauna und laufe am besagten Teich entlang. Plötzlich steigt in der Dunkelheit eine junge Frau aus dem Wasser, klettert auf den Steg, atmet tief durch und geht zügig Richtung Dusche. Ihr Begleiter, der bereits unter der Dusche steht, fragt sie wo sie gerade war. Sie: „Ach, ich wollte im Teich schwimmen." Er: „Und, warst du drin?" Sie: „Ach nein, nicht wirklich. Nur mit den Fußspitzen a weng." (Das war eine echte Fränkin, „a weng" bedeutet übersetzt „ein bisschen")

151

Ich kann beschwören, dass diese Frau geschwommen ist. Zwar nicht viel; genauso wie ich am Vortag. Aber immerhin. Sie war im Eiswasser. Mit dem gesamten Körper. Von wegen Fußspitzen. Und außerdem empfand sie das kalte Duschwasser als angenehm warm. Aha! So – und jetzt meine Frage an meine männlichen Kollegen: Was hätten wir wohl unserer Frau oder Freundin erzählt, wenn wir nur mit den Fußspitzen im Eiswasser gewesen wären? Natürlich sind wir im arschkalten Wasser gewesen, haben cool eine Runde gedreht. Vielleicht auch zwei. Logisch! Aber warum nur ist das Duschwasser danach so kalt?

DIE MEISTEN MENSCHEN

GEHEN MORGENS INS BAD

UND MACHEN SICH FERTIG

ApfelSherry-
Tiramisu

D as ApfelSherry-Tiramisu gehört zur neuen Generation der von mir geschaffenen authentischen Rhöner Küche. Diese Küche verwendet konsequent Rhöner Zutaten – nimmt mit den Rezepturen aber auch durchaus mal Anlehnung an internationale Spezialitäten. Wie zum Beispiel an den italienischen Dessert-Klassiker, der hier völlig anders und wesentlich leichter (!) interpretiert wird. Mittlerweile ist dieser Nachtisch nicht nur das am meisten bestellte Dessert, es wurde auch schon zigmal von Kollegen kopiert. Hier nun exklusiv die Original-Kopiervorlage:

Das benötigst du dafür:

- 200 g Löffelbiskuit (am besten kaufen, ist praktischer. Aber praktisch sind auch weiße stapelbare Garten- stühle aus Kunststoff)

- Jeweils 400 g Schmand (auf französisch: Crème fraîche), Quark und Joghurt (rechtsdrehend) also insgesamt 1.200g, verstanden?

- 0,1 l ApfelSherry halbtrocken, besser sind 0,2 l, auch für den Produzenten

- 100 g zartbittere Blockschokolade mit hohem Kakaoanteil (aus dem Kolonialwarenladen)

BSP FOTO

100% pure Emotion
(und viiiiiel ApfelSherry)

155

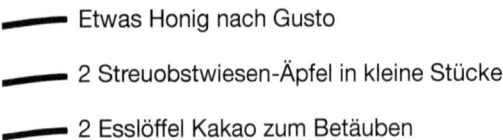 Etwas Honig nach Gusto

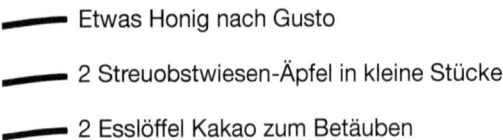 2 Streuobstwiesen-Äpfel in kleine Stücke

 2 Esslöffel Kakao zum Betäuben

Und so geht's:
Zuerst die Hälfte der Löffelbiskuits in eine hohe Form legen. Dann exakt mit der Hälfte des ApfelSherrys beträufeln. Vorher sollten Sie natürlich auch den ApfelSherry probieren. Erhöhen Sie deshalb einfach die Menge auf 0,2 l (Versand über https://www.krenzers-shop.de).

Schmand, Joghurt und Quark mit Honig, dem restlichen Sherry (Anm.: Es sollte schon noch etwas nach der Verkostung übrigbleiben!) und der gehobelten (kleinhacken geht natürlich auch) Blockschokolade verrühren. Das sollte nicht zu lange erfolgen, da sonst der Arm weh tut und die Masse zu flüssig wird (weitere Infos unter www.massezufluessig.de). Apfelstücke nun final unterheben.

Die Hälfte der Masse auf die Biskuits geben. Dann wieder eine Schicht Biskuits auflegen, diesmal aber unbeträufelt (Apfel-Sherry ist ja bereits leer...). Den Rest der Masse darüber geben und mit dem Kakao betäuben.

Das Kunstwerk mindestens 2 Stunden durchziehen lassen. Dazu schmeckt perfekt eine Flasche edelsüßer ApfelSherry aus dem jamaikanischen Rumfass und ein Espresso.

Viel Spaß beim Genießen!

Wie zu Hause

Neulich las ich eine Meldung auf einem Portal. Nichts Besonderes eigentlich. Aber dann irgendwie doch. Ein Sternekoch hat ein neues Restaurant eröffnet. Das ist in Zeiten des Lockdowns schon sehr mutig. Noch mutiger ist für mich allerdings das geplante Konzept. Essen wie bei Muttern, aber auf Sterneniveau. Ich muss stutzen. Und denke nach.

Wenn ich bei Mama esse, dann esse ich bei Mama. Das ist so, wie es ist. Da brauche ich keine Sterne. Denn ich habe ja Mama. Die Küche bei Mama zeichnet sich dadurch aus, wie sie ist. Einfach und mit viel Liebe und Herzblut. Mir stellt sich da gerade die Frage, was wir wirklich wollen. Bei Mama essen? Oder Sterneküche? Wirklich beides? Und das auf einmal?

Viele Hotels werben noch heute mit dem Slogan „Fühlen Sie sich bei uns wie zu Hause!" Ganz ehrlich: Wenn ich mich wie zu Hause fühlen will, dann bleibe ich zu Hause. Eine Hotelübernachtung bringt schon das eine oder andere Mal ein kleines oder auch großes Abenteuer mit sich. Je nachdem, wo man bucht und wie intensiv man vorher recherchiert. Ein guter Bekannter, von Beruf Unternehmensberater, beschrieb das einmal so: „Ein Aufenthalt im Hotel ist für viele Menschen ein sozialer Abstieg". Und das stimmt. Leider. Denn wir haben unseren privaten Wohnbereich massiv aufgerüstet. Von Hightech im Badezimmer bis hin zu riesengroßen Bildschirmen

158

im Wohnzimmer. Und auch die Schlafgemächer bleiben von neuesten Errungenschaften der Technik und Firlefanz nicht verschont. So schnell kannst du als Hotelier gar nicht nachlegen. Weder zeitlich noch finanziell. Und der Gast ist dann enttäuscht. Weil es nicht so wie zu Hause ist. Verrückt.

Warum lassen wir uns nicht einfach auf die Dinge ein, wie sie sind? Genießen den Moment und fahren unsere Ansprüche nicht gleich wieder hoch. Es liegt an uns, unser Leben leichter und entspannter, aber trotzdem aufregend und bereichernd zu machen.

P.S.: Menschen sehnen sich ja auch nicht nach erotischen Dienstleistungen, die 1:1 das Gleiche beinhalten wie das, was zu Hause in der Partnerschaft performt wird, oder?

Erfolg

Hallo, ich bin der Erfolg.

Dein Erfolg.

Ich hasse Verwaltung.

Und liebe Kreativität.

Du kannst mich nicht abonnieren.

Denn ich bin nicht immer verfügbar.

Du solltest mit mir ausgiebig feiern,
wenn ich bei dir bin.

Und nicht deprimiert sein,
wenn ich nicht bei dir bin.

Ich bin immer da.

Ich bin da, wo Gelegenheit auf Liebe,
Mut und Können trifft.

161

November-Lockdown

Es ist der 29. Oktober 2020. Ich fahre, wie immer im Herbst, zu meinen Äpfeln. X-mal bin ich diesen Weg aus der Kelterei zur Apfelwiese gefahren. Plötzlich taucht dieses Bild vor mir auf. Ich bin geflasht. Und halte es fest. Denn es passt zu diesem Tag. Dunkle Wolken ziehen auf. Sehr dunkle Wolken. Und trotzdem leuchtet der Apfel, als würde es ihn nicht interessieren. Und ganz zaghaft erscheint ein wundervoller Regenbogen. Ich denke nach.

Der Lockdown 2.0 will nun meinen Lieblingsmonat November beherrschen. Wir haben entschieden, dass dies nicht so sein wird. Keiner unserer Leute wird diesmal in die Kurzarbeit geschickt. Denn sie haben in den vergangenen sechs Monaten Hervorragendes geleistet und sind oft an ihre Grenzen gegangen. Manchmal auch darüber hinaus. Natürlich müssen wir unser Hotel am 2. November schließen. Aber wir schließen uns nicht weg. Es gibt wahnsinnig viel zu tun. Denn es gibt ja noch das Apfelwein-Gut und unseren Bio-Hof. Und ein paar gute Projektideen, die wir gemeinsam im Team umsetzen werden. Wenn nicht jetzt, wann dann? Bleibt gespannt, es wird großartig werden. Und natürlich halten wir den Laden offen und werden Euch neue Produkte präsentieren.

Bedanken möchte ich mich hier und jetzt bei meinen fantastischen Mitarbeitern, meiner wunderbaren Familie, vielen durchgeknallten Freunden, sehr aufmerksamen Feinden und den besten Gästen des Universums. Wenn man solche Menschen um sich schart, macht die Zukunft Spaß. Erst recht in diesen Zeiten.

Ich wünsche Euch allen da draußen gute Gedanken, genießt den November und wenn Ihr mal wieder ein paar legale Rhöner Drogen braucht, wisst Ihr, wo Euer Dealer ist.

Ein merkwürdiges Jahr

Ich bin jetzt 55 Jahre jung. Das ist schon verdammt alt. Im Mittelalter wäre ich ein Methusalem. In 2020 trotzdem für junge Menschen ein alter Sack. Egal. Ich habe in den letzten 55 Jahren schon viel erlebt. Eine Jugend im alkohol- und nikotingeschwängerten Wirtshaus. Direkt an der Zonengrenze, Kalter Krieg, Mauerfall und Wiedervereinigung. Arrogante Wessis und spätpubertäre Ossis. Den Apfelsherry erfunden. Den eigenen Laden komplett umgekrempelt. Das Rhönschaf gerettet. Aber 2020 toppt alles. Wirklich alles.

Ja ich weiß, das klingt für viele Menschen schräg. Ist es auch. Für mich war aber schon drei Jahre vorher klar, dass es so nicht weitergehen kann. Wir sind einfach zu schnell unterwegs. Und wenn ich schreibe WIR, dann meine ich mich selbstverständlich auch.

Im Januar 2020 passiert es. Ich will nicht mehr weitermachen wie bisher. Riesendebatten zwischen meinem Team, meiner Frau und mir. Wir entscheiden uns für einen neuen Weg. Raus aus dem, was wir 126 Jahre lang getan haben. Endlich. Wir stellen die Weichen. Aber Covid19 sollte uns rechts überholen. Als es vorhersehbar ist, dass wir in einer ganz besonderen Zeit unserer Geschichte ankommen, behalte ich eine stoische Ruhe. Ich kann nichts ändern. Die Situation ist so, wie sie ist. Ich sammle meine Energie für positive Gedanken. Zukunftsorientierte Gedanken. Denn die Qualität meines Lebens hängt von der Qualität meiner Gedanken ab. Mit unseren Gästen und Freunden kommuniziere ich auf – wie ich erst hinterher von ihnen erfahre – erfrischend positive Weise. Das scheint mich von vielen Unternehmern zu unterscheiden:

Sonntag, 15. März 2020. Es ist ruhig geworden. In der Rhön war das ja schon immer so. Mit Ruhe, Achtsamkeit und der richtigen Portion Gelassenheit kennen wir uns aus. Das ist – im wahrsten Sinne des geschriebenen Wortes – unsere Natur. Weniger war hier schon immer määhr. Regionalität kannten wir schon, bevor es in Mode kam.

Hamster haben wir nie gekauft. Eher Meerschweinchen. Und wenn das Klopapier zu Ende ist, nehmen wir halt die Fuldaer Zeitung. Aber nie die BILD. Die geht uns nämlich am A... vorbei. Panik? Fehlanzeige!

Wir sind hier – auch in globalen Zeiten – immer noch ein wunderbares Refugium.

Und wir hier in krenzers rhön sehen uns in diesen Zeiten als ganz besonderer Ort. Es ist so schön, wie entspannt die Menschen hier sind. Das ist auch – und gerade jetzt – unsere Herzensaufgabe. Dafür sind wir da. Und bleiben. Egal, was da noch kommt.

Wir wünschen Euch da draußen alles Gute, bleibt achtsam, aber auch gelassen. Und vor allen Dingen gesund. Ernährt Euch bitte gescheit und wenn ihr Alk trinkt, dann eben richtig guten. Seid so ein bisschen rhönesisch. Und wenn ihr nicht mehr wisst. wie das geht, ihr wisst, wo wir seit 1893 sind.

Es grüßen Euch von Herzen die Krenzers und das beste Team der Welt.

P.S.: Rock'n'roll!

Zwei Tage später, am Dienstag, dem 17. März, beschließen wir, unseren Betrieb vorerst einzustellen. Es macht keinen Sinn. Touristische Übernachtungen sind verboten, geschäft-

liche lagen bei uns schon vor Corona bei ca. einem Prozent. Und wenn die Wirtsstube um 18 Uhr schließen muss, müssen wir erst gar nicht anfangen zu kochen. Viele Kollegen setzen jetzt auf Außer-Haus-Verkauf ihrer Speisen. Ich halte das für eine Verzweiflungstat. Da läuft zwar Umsatz, aber kaum Gewinn. Um 18 Uhr ziehen wir die Reißleine. Vier Tage vor unserem 127. Geburtstag.

21. März 1893. Mein Urgroßvater Josef Herrlich kauft für 6500 Reichsmark das, was meine Familie und ich heute zu krenzers rhön gemacht haben. Und jeden Tag mit unserem Team lieben und leben. 127 ereignisreiche Jahre. Kaiser Wilhelm. 1. Weltkrieg. Naziherrschaft. 2. Weltkrieg. Sattfresserjahre. Weltwirtschaftskrisen. All das durften die Krenzers hier schon erleben. Rein zufällig bin ich auch Widder (nein, ich glaube nicht an Zufälle) und der März ist hier in krenzers rhön schon immer ein besonderer Monat. Und jetzt auch noch ein bewegender. Historischer. Fundamentaler.

Anfang der Woche haben wir gemeinsam mit unserem fantastischen Team beschlossen, den Betrieb vorerst einzustellen. Wer mich kennt, weiß, wie schwer mir das fällt. Bin ich doch dafür bekannt, bei Regenwetter die Gartenwirtschaft zu öffnen. Und immer gegen den Strom zu schwimmen. Es macht aber keinen Sinn. Meine Leute haben recht. Es ist kein Regen. Kein Strom. Das, was jetzt ist und was noch kommt, ist eine ganz andere Hausnummer. Wer glaubt, dass in zwei Wochen alles vorüber ist, der hat einen kompletten Realitätsverlust erlitten. Aber das hatten viele schon vor dieser Krise.

Meine geliebten Mitarbeiter gehen in Kurzarbeit. Ich verzichte auf meinen Unternehmerlohn. Obwohl ich jeden Tag hart im und vor allen Dingen AM Unternehmen arbeite. Und NEIN! Hier gibt es kein Mimimi und Gejammer. Der Blick ist nach vorne gerichtet. Die Welt wird sich neu erfinden müssen. Wir in krenzers rhön sowieso. Die alten Strukturen sind weggebrochen. Neue noch nicht da. Da ist viel Raum. Seeehr viel Raum. Für was? Für Neues! Für sehr viel Neues!

Ich wünsche Euch allen da draußen und hoffentlich @home starke Gedanken. Viel Liebe. Guten Sex. Gesundheit. Zukunft ist das, was wir daraus machen.

Rock'n'roll – Euer Jürgen

WER JETZT SO

WEITERMACHT

HAT NICHT MEHR

Ein
merkwürdiges Jahr

TEIL 2

Ich weiß manchmal nicht mehr, was für ein Wochentag heute ist. Das ist wie im Urlaub, wenn du total entspannt bist und alle Systeme runtergefahren hast. Aber es ist kein Urlaub, verdammt noch mal!

Für mich gibt es im Moment nur noch eines: Die Zukunft. Ich bin total fokussiert. Krise ist so ein wahnsinnig produktiver Zustand. Er wird nur für jene zur Katastrophe, die jetzt nicht die Ruhe bewahren. Ich habe gerade eine stoische Ruhe. Manchmal bin ich selbst überrascht. In diesen Zeiten ist es ganz wichtig, sich wieder einmal klar zu machen, um was es überhaupt geht. Nämlich unser Leben. Und um nichts anderes!

Heute ist der 10. Mai 2020. 55 Tage sind nach meinem Text vom 15. März vergangen. Und eine ganze Menge ist hier passiert. „Vieles geschieht, wenn wir glauben, dass nichts geschieht!" Ich liebe dieses Zitat. In einer extremen Zeit der Zu-

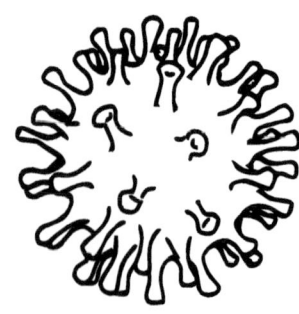

kunftsängste haben wir hier in krenzers rhön uns noch stärker Gedanken um die Zukunft gemacht. Und aus den Gedanken sind Taten geworden! Die Menschen sagen so oft, wenn sie nicht wissen, was am Ende das Ergebnis sein wird: „Lassen wir uns überraschen!" NEIN!
Wir überraschen lieber die anderen. Ob die Überraschung gelingt? Tja...

Ab Freitag, 15. Mai kann man das hier vor Ort selbst erfahren. „Abenteuer im Paradies" so erleben wir das hier seit Mitte März. Und jetzt endlich – aber sorry, die Zeit hat es einfach gebraucht – dürfen unsere Gäste, Freunde und Fans auch wieder dazu kommen. Es ist echt gerade eine krasse

Zeit. Alle reden plötzlich von Nachhaltigkeit. Wir tun das schon lange. Um genau zu sein, seit dem 25. September 1991. An diesem Tag wurde unsere Seniorchefin Maria 50 Jahre jung und das Biosphärenreservat Rhön von der UNESCO aus der Taufe gehoben. Heute, 29 Jahre später wissen wir, warum wir damals so krass gefeiert haben. Denn hier in der Rhön ticken die Uhren anders. Ganz anders! Wir haben jetzt 55 Tage das wunderbarste Refugium unseres Erdballs intensiv und unfiltriert erlebt. Ich bin stolz und froh, genau hier zu leben – eine Lebensqualität, die kann selbst der Krenzer nicht in Worte fassen! Ach ja, fast hätte ich es vergessen. Welches „Abenteuer im Paradies" erwarten denn die Freigeister, die sich zu uns trauen? Ich weiß nicht, ob ich wirklich alles verraten soll...
Nein, tue ich nicht. Basta! Denn wir haben hier hart daran gearbeitet, um Euch zu überraschen.

„Arbeit ist sichtbar gemachte Liebe" *– ein wunderbares Zitat von Robert Betz. Wir lieben Euch.*
Begeisterte Grüße aus krenzers neu erfundener Rhön
Euer Jürgen

Wenn ich mit einiger Zeit Abstand diese Texte lese, dann bin ich schon beeindruckt. Und frage mich, wer zum Teufel hat das geschrieben? Es ist in der Tat eine Zeit, bei der zwischen Kopf und Tastatur keine Millisekunde verloren geht. Eine ganz besondere Zeit. Die so schnell nicht wieder kommt. Wir müssen sie nutzen. Intensivst. Es geht jetzt ein kleines Zeitfenster auf. Ein Zeitfenster, in welchem du wichtige Entscheidungen triffst. Oder auch nicht. Ist das Zeitfenster geschlossen, ist es vorbei. Alle Anstrengungen sind sinnlos. Für mich beginnt jetzt ein Sommer, wie ich ihn noch nie erlebt habe.

VIELES GESCHIEHT

WENN WIR GLAUBEN

174

DASS NICHTS

GESCHIEHT

Ein merkwürdiges Jahr

Es ist unglaublich, was seit Mitte Mai hier auf dem Hof los ist. Mit solch einer Resonanz haben wir nicht im Traum gerechnet. Unsere Mitarbeiter übrigens auch nicht. Für einige ist es ein Alptraum. Und die neuen Hygienemaßnahmen führen dazu, dass wir fast alle Arbeitsabläufe auf den Kopf stellen. Einige wollen schon kündigen. Es ist alles sehr anstrengend. Und plötzlich bist du wieder kurz davor, in das alte Fahrwasser zu steigen. Denn jeder möchte jetzt eigentlich nur eines: Business as usual. Ich aber nicht. Nein, wirklich nicht!

Ich habe in den vergangenen acht Wochen des Lockdowns 1.0 intensiv gespürt, welch ein besonderer Platz krenzers rhön ist. Wie viel positive Energie er jeden Tag ausstrahlt. Das merkst du erst dann, wenn es keine Ablenkung gibt. Es ist kein Mensch da. Keine Gäste, keine Mitarbeiter, keine Lieferanten. Niemand. Und doch hat dieser Platz ein wunderbares Karma. Und ich weiß ganz genau, dass nicht jeder etwas mit dem Begriff Karma anfangen kann. Muss man auch nicht. Man spürt es sowieso. Und ich bin überzeugt, je mehr Gäste wir haben, die so etwas spüren und zu schätzen wissen, umso wunderbarer wird auch dieser Ort.

Deshalb möchte ich in Zukunft auch auf die Menschen verzichten, die unser Haus aus niederen Beweggründen aufsuchen. Zum Beispiel Hunger. Ja, genau: Hunger. Die einfach „schnell etwas essen wollen". Dafür sind wir nicht mehr zu haben. Holt euch bitte eine Pizza oder eine Wurst auf die Hand. Ich möchte,

dass sich die Menschen etwas Gutes tun. Sich Zeit nehmen, Neues entdecken, sich ausprobieren, genießen. Zeit ist ein wahres Luxusgut. Wir haben es. Zeit. Wir nehmen uns Zeit.

Um das zu können, muss ich einiges lassen. Und so konzentrieren wir uns auf Hotel, Apfelwein-Gut und Bio-Landwirtschaft. Und es fühlt sich gut an, sich von diesem Druck der Straße zu befreien. Mir ist schon bewusst, dass ich Umsätze verliere. Das leiste ich mir nach 32 Jahren Unternehmertum einfach mal. Es ist so schön, viel mehr Zeit für die Menschen zu haben, die sich wirklich für dich und deinen Laden interessieren. Irgendwie war es auch ein gechillter Sommer. Die Gäste haben mir so viel von meiner investierten Energie zurückgegeben. Wahnsinn!

Wir brauchen nicht viel, um glücklich und zufrieden zu sein. Und nehmen doch ständig die falschen Spezialitäten vom Buffet des Lebens. Dinge, die uns belasten. Und nicht befreien. Ich habe mich befreit.

Mein liebster November

Es ist schön mit dir. Wunderschön.
Jeder Tag ist ein Geschenk.
Deine wundervollen Lichtspiele. Du bist jeden Tag anders.
Es macht richtig Spaß mit dir. Und Du tust mir echt gut.

Du bist so intensiv. So emotional.
Und manchmal auch echt krass drauf.
Egal. Du darfst das!
Doch bald musst Du gehen. Leider.

Gehen musst Du für den Dezember.
Den ich nicht brauche.
Der uns Plätzchen bringt, bis wir platzen.
Der uns skurrile Märkte beschert.
Auf denen wir kollektiv Bratwürste unbekannter
Herkunft, altfetttriefende Pommes und heiße Getränke
konsumieren, die eigentlich allesamt Pansch heißen
müssten.

Der uns eine Beschallung und Kunstbeleuchtung
beschert,
die wir wirklich nur mit sehr viel Pansch ertragen können.
Und auch ertragen werden.
Ach, warum kannst du nicht noch vier Wochen bleiben?
Es ist gerade so schön mit dir.

Ich vermisse dich jetzt schon.

Ich liebe dich!

In echt!

Danke, lieber November. Bis dahin.

Noch einen Tag sind wir ein kongeniales Paar.

Ich trage dich im Herzen weiter.

Dein Jürgen

Percy und die Goldochsenkiste

S chon seit Jahren liegt mir mein Freund Percy im Ohr, unbedingt mal diese Brauerei mit Wohnzimmerkneipe im hohenlohischen Spielbach zu besuchen. Und kurz vor dem geplanten Weltuntergang haben wir es getan. Und es wurde eine etwas andere Weihnachtsgeschichte daraus…

Doch eines ist gewiss: Wenn die Welt auch untergegangen wäre, dieser Laden garantiert nicht! Denn hier ist seit über hundert Jahren die Zeit absolut stehen geblieben.

Es ist Donnerstag, der 20. Dezember 2012. Nach zweieinhalb Stunden Fahrt treffen wir um 19.30 Uhr bei der Goldochsenbrauerei in Spielbach (Landkreis Schwäbisch Hall, unweit von Rothenburg ob der Tauber) ein. Im Nachbarort Schwarzenbronn sind im Goldenen Ross die Zimmer gebucht. Aber wir haben keine Zeit zu verlieren und fahren sofort zur Brauerei. Denn die Öffnungszeiten dieser ungewöhnlichen Gaststätte sind limitiert. Um 18 Uhr wird aufgeschlossen und um 22.30 Uhr zugesperrt. Ohne Ausnahme! Von außen ist der Hof weder als Brauerei noch als Wirtschaft zu erkennen. Also gehen wir nach dem Bauchgefühl. Wo stehen die meisten Autos? Ah, hier muss es sein. Der Eingang!

Wir betreten die Wirtsstube. Und jetzt weiß ich: Herzlich willkommen, lieber Jürgen, im Jahr 1912. Sechs Tische, davon einer mit einem alten Sofa. Über der Theke verläuft das Ofenrohr. Percy muss sich bücken, so niedrig ist die Stube. Und die ist gut gefüllt. Wir stehen im ersten Moment etwas rat-

los da, denn es gibt keinen Platz mehr. Plötzlich ruft ein Einheimischer uns zu, dass er gerne für uns seinen Stuhl räumt. Das finden wir sehr nett. Er wollte sowieso gehen. Jetzt ist er sogar noch fünf Minuten früher zu Hause. Und plötzlich sitzen wir inmitten der alten Stammkundschaft am langen Tisch. Wir haben Durst. Und Hunger. Ich bestelle per Handzeichen zwei Halbe und die werden von der jungen Dame in der historisch anmutenden Kittelschürze prompt serviert. Das Bier sieht gut und süffig aus. Ein dunkelgoldenes Gebräu wartet auf uns. Und es schmeckt sehr lecker. Zu lecker. Denn jetzt schaue ich auf das Glas. Und ich habe es mir fast schon gedacht. Es ist ein Bock! Der legendäre Festbock der Goldochsen-Brauerei, den es nur für kurze Zeit gibt. Mit knapp 8% Alkohol aber ein bisschen zu heftig gegen den Durst. Ich schaue mich um. Alle trinken hier Bock. Es gibt nichts anderes, außer einer anderen Kneipe. Aber das kommt für uns nicht in Frage.

Wir freunden uns mit „Manni" an, der uns einige Anekdoten zu dieser Wirtschaft erzählt. Natürlich hatte ich auch schon im Internet recherchiert, allerdings hat die Goldochsen-Brauerei selbstverständlich keine Homepage. Der frühere Wirt Fritz Unbehauen lebt nicht mehr. Er ist eine Legende. Denn er hat nicht jedem sein Bier ausgeschenkt. Da musstest du als Gast schon sympathisch sein. Oder weiblich. Und der Landesregierung im fernen Stuttgart hat er einen Korb gegeben, als die sein Bier auf irgendeinem Empfang ausschenken wollte. Schimpfte auf die Politiker-Elite wie ein Rohrspatz. Kauften die örtlichen Vereine ihr Festbier nicht bei ihm, dann fuhr der Landwirt pünktlich zum Start des Dorffestes erst einmal eine Runde Gülle aus. Ziemlich unbehauen, dieser Fritz.

Die Frage nach einer Speisekarte erübrigt sich hier. Es sei denn, du willst dich hier als dämlicher Tourist outen. Ich frage besser, was es zu essen gibt. Es gibt Spielbacher Wurstplatte und Schnitzel mit Bratkartoffeln. Also bestellen wir zur Verwunderung der Einheimischen genau in dieser Reihenfolge. Das Servicemädel schmeißt auch die Küche. Und das dauert. Mindestens eine Stunde oder drei Bocklängen. Oh mein Gott! Als wir das zünftige, gute hausgemachte Essen bekommen, hat auch das Publikum an unserem Tisch gewechselt. Vier junge Kerle und ein Mädel nehmen bei uns Platz. Der Altersdurchschnitt des Tisches sinkt im Nu um 50 Jahre. Auch hier kommen wir ins Gespräch und tauschen noch den einen oder anderen Brauerei-Tipp in der Region aus.

Draußen fängt es an zu schneien. Drinnen wird der Kamin nochmals angeschürt. Eine Rauchwolke nebelt uns ein. So muss es früher gewesen sein. Das Mädel mir gegenüber hat bereits innerhalb kürzester Zeit den zweiten Bock. Mein Gott, ist dieses Bier süffig. Aber auch gefährlich. Gegen 22 Uhr bestellen wir das letzte Bier, obwohl der Durst jetzt eigentlich gestillt ist. Langsam leert sich das historische Wirtshaus. Aber heute ist ein besonderer Tag. Das Publikum scheint der Senior-Chefin so sympathisch, dass wir noch ein Weilchen sitzen dürfen. Gegen 23 Uhr will ich zahlen. Ach ja, das „Bezahlen" der Zeche ist hier Kult. Ich muss ins „Kabinettle" gehen, ein holzvertäfelter Raum neben der Theke. Dort sitzt die Senior-Chefin mit einem Holzkistchen und fragt mich nach Herkunft, Wohlbefinden und der Zeche. Erst jetzt darf ich zahlen. Das war früher beim alten Fritz genauso. Ich überreiche ihr noch eine kleine Flasche Apfelsherry, die sie unbedingt bezahlen will. Ich winke ab. Wir werden jetzt von Frau Rahn, der netten Wirtin vom „Ross" in Schwarzenbronn abgeholt. Im dortigen Wirtshaus bestellen wir (warum eigentlich?) noch ein Bier. Auch hier sitzt noch eine illustre Männerrunde am Tisch. Das Tucher vom Fass ist ein Kulturschock und mag mir gar nicht schmecken. Außerdem bin ich müde. Und gehe ins Bett. Denn morgen früh muss ich ja laufenderweise im Schneetreiben noch das Auto holen.

Percy scheint doch tatsächlich das Tucher leergetrunken zu haben. Und wahrscheinlich auch noch jenes, das ich stehen gelassen habe. Deshalb kommt er jetzt nicht aus den Federn. Also jogge ich an diesem Morgen alleine die vier Kilometer im Schneematsch bei dichtem Nebel nach Spielbach zurück. Das fällt mir nicht leicht. Aber nach harten 30 Minuten bin ich da. Und höre Flaschenklimpergeräusche in dem ziemlich maroden Gebäude. Ich wollte ja unbedingt noch eine Kiste Bier mitnehmen. Denn dieses Bier gilt unter Insidern (und ich kann es nach dem ausgiebigen Genuss der Bockvariante gestern nur bestätigen) als eines der besten der Republik. Aber gestern Abend hat man mir am Stammtisch im „Ross" klargemacht, dass es schwer wird, eine Kiste zu ergattern. Besonders dann, wenn ich keine leere Kiste mitbringe. Sozusagen als Bier-Mitgift. Außerdem erzählten mir die Hohenloher Eingeborenen, dass kaum einer von ihnen jemals die Brauerei von innen gesehen hat. Brauereibesichtigungen und Führungen gibt es hier nicht. Hier ist alles irgendwie mystisch.

Egal jetzt. Ich stehe vor einer alten Tür. Ist dahinter die Brauerei? Ob ich da einfach so rein kann? Ich klopfe vorsichtig an. Keine Reaktion. Ich stoße die Türe vorsichtig auf. Und bin drin. In der Brauerei. Und ich bin schon wieder einen Schritt nach vorne in die Vergangenheit gelaufen. Was ich hier sehe, ist der Wahnsinn. Absolut historisch. Unglaublich. Unkopierbar! Vor mir sitzt die Seniorchefin von gestern Abend an der alten mechanischen Abfüllung auf einem Hocker. Links daneben ein junger Bursche, der die Kisten mit einer Handbürste schrubbt. Rechts von ihr der Braugeselle, der für die Bierversorgung der Anlage zuständig ist. Als „Dekoration" des Bildes stehen im Hintergrund die alten Braukessel. Von wegen aus Kupfer. Jeder Fotograf hätte seinen Spaß an diesem Motiv. Ich lasse meine Kamera lieber stecken. Und gehe mutig auf die Seniorchefin zu. Ich werde von allen dreien beäugt wie ein Eindringling. Irgendwie schon eine beängstigende Situation. Was tut man nicht alles für ein gescheites Bier?

„Ich möchte eine Kiste Bier kaufen!" Und ich lege nach: „Ich war gestern Abend schon da. Ich bin der Typ mit dem Apfelsherry!" Hoffentlich kann sie sich noch an mich erinnern. Das fällt ja den 50 Jahre jüngeren Mädels manchmal schwer. Sie kann! Und jetzt kommt ihre alles entscheidende Frage: „Haben Sie eine leere Kiste dabei?" Ich antworte wahrheitsgemäß mit „Nein!" Sie fragt: „Bringen Sie die Kiste wieder zurück?" Ich: „Natürlich!" Fragt sich nur wann, denke ich mir. Ich bekomme eine Kiste Hell Spezial zugeteilt und möchte zahlen. Die Seniorchefin sagt den Preis an: „11 Euro!" Ich zahle brav, trage stolz meine Kiste nach draußen und fasse es nicht! 11 Euro? Die alte Dame hat ja noch nicht einmal das Pfand berechnet. Die vertraut echt darauf, dass ich die Kiste zurückbringe. So etwas habe ich schon lange nicht mehr erlebt.

Auf der Rückfahrt erzähle ich Percy diese Geschichte. Er meint, ich hätte es geschafft, denn ich befinde mich im Besitz einer Goldochsen-Kiste! Die könnte ich nun auch vererben. Mein Sohn würde auch noch in zehn Jahren bestes Goldochsen-Bier bekommen. Wenn er die leere Kiste mitbringt. Nicht jeder hat so viel Glück wie ich. Oder – anders gesagt – nicht jeder hat Apfelsherry.

Dieser Kurztrip hat mich wieder um einige Erfahrungen reicher gemacht. Denn es gibt sie noch: Die einfachen und gleichzeitig perfekten Dinge. Viele Besuche in Sternehäusern habe ich schon längst vergessen bzw. verdrängt. Wohingegen an diesen Besuch werde ich mich immer erinnern. Und wenn man Menschen Vertrauen schenkt, erfüllt man sie mit Stolz. Und begegnet ihnen auf Augenhöhe. Ich bringe die Bierkiste zurück. Und hole mir natürlich eine Neue. Der Termin steht schon fest: Am Sonntag, den 24. März 2013. Gegen Mittag. Und was hat diese Geschichte mit Weihnachten zu tun? Nichts! Oder doch?

Vielleicht sollten wir nicht nur zu Weihnachten als Menschen ein wenig näher zusammenrücken. So wie in dieser urigen Bauern- und Brauwirtschaft. Mehr Toleranz statt Ignoranz. Und die Akzeptanz von „Anderen". Und einfach glücklich sein, dass man dies alles erleben darf.

JETZT IST SCHLUSS.

DAS WAR'S.

Die kleine neugierige Hexe

D ie belgische Zeichnerin Lieve Baeten veröffentlicht 1992 die Geschichten um die kleine neugierige Hexe Lisbeth, die sich alleine in Deutschland über 700.000 mal verkaufen, und in viele andere Sprachen übersetzt werden. Diese Geschichte ist nicht nur ein Märchen für Kinder. Sondern auch für Unternehmer. Schon tragisch, dass ich durch den 2008 im Alter von erst 43 Jahren verstorbenen Schweizer Referentenkollegen Daniel Zanetti von diesem Märchen erfahre. Dieser hyperkreative Unternehmer hat irgendwann dieses Märchen als Management-Newsletter versendet. Wahrscheinlich zum Schrecken der Leser. Ich habe es gelesen und bin bis heute begeistert. Die belgische Autorin verstirbt im Jahre 2001 auch viel zu jung. Beide durch tragische Unfälle. In meinem Herzen leben sie durch diese Geschichte weiter. Meine Töchter Maxima und, vor allem die jüngste, Maxine, lieben diese Geschichte. Und vor einiger Zeit bittet mich Maxine, diese Geschichte fortzuschreiben. Was ich gerne tue.

Worum geht es im „Original":

In einer hellen Mondnacht, die ganze Welt liegt noch im Schlaf, ist die neugierige kleine Hexe Lisbet mit ihrer Katze auf dem Besenstiel unterwegs. Nur in einem einzigen Haus brennt noch Licht. Neugierig, wie die kleine Hexe Lisbet ist, fliegt sie darauf zu. Beim Blick durch das offene Dachfenster entdeckt sie Mäuse. Das wiederum regt ihre Katze so auf, dass diese ins Dachfenster springt und Lisbet eine Bruchlandung im Haus hinlegt. Dabei geht der Besenstiel kaputt.

Während sich die Katze ausgiebig mit den Mäusen beschäftigt, benötigt Lisbet Hilfe, um den Besenstiel wieder zu reparieren. Sie geht eine Etage nach unten und trifft auf eine Hexenkollegin, die wunderbare Zaubermusik macht. Lisbet fragt die Hexe, die Musik machen kann, ob sie den Besenstiel wieder heil machen könne. Kann die aber nicht. Schließlich ist es die Hexe, die Musik machen kann. Daraufhin geht Lisbet eine weitere Etage tiefer und trifft auf die nächste Hexe. Die kann gut kochen. Trotzdem stellt Lisbet ihr wieder die gleiche bescheuerte Frage, ob die Hexe, die gut kochen kann, auch den Besenstiel heil machen kann. Kann sie natürlich nicht. Weil sie nur etwas vom Essen machen versteht.

Jetzt sollte jedem auch klar werden, warum das ein Märchen für Kinder UND Manager ist, oder? Wie haben wir früher schon gelernt: „Schuster, bleib bei deinen Leisten!" Und so landet Lisbet eine weitere Etage tiefer bei der Hexe, die in den Schlaf zaubern kann. Den kann sie natürlich jetzt gar nicht gebrauchen. Und sie ahnt, dass auch diese Hexe sich spezialisiert hat.

Im Keller angekommen trifft sie auf die vierte und letzte Hexe in diesem schnuckeligen Hexen-Hochhäuschen. Und sie hat unfassbares Glück. Im Keller lebt die Hexe, die basteln kann. Und die zaubert ihr aus dem kaputten Besenstiel einen neuen Raketenbesen. Damit fliegt sie wieder mit ihrer Katze in die Nacht hinaus. Die Geschichte endet mit dem Satz: „He, war dahinten nicht ein Licht…?"

Und hier die Fortsetzung aus meiner Feder

He, war da hinten nicht ein Licht? Ja klar, die neugierige kleine Hexe Lisbet ist immer auf der Suche nach einem Abenteuer. Und das nächste offene Fenster dort drüben, da kann sie ja mal reinschauen. Aber es sollte anders kommen… Lisbeth hat den neuen Raketenbesen einfach nicht unter Kontrolle. Er ist zu schnell und seeehr eigenwillig. Auweia… Ihre Katze klammert sich ganz fest an sie, was sie sonst nie macht. An dem offenen, beleuchteten Fenster rasen sie vorbei. Hinaus in die dunkle Nacht. Lisbet hat keine Ahnung, wie sie den Besen wieder in den Griff bekommen soll. Aber will sie das überhaupt? Es ist so aufregend mit diesem irren Tempo durch die Nacht zu sausen. Huuiiiiii! Sie ist hellwach und ihre Katze gerade eingeschlafen.

Nach einiger Zeit mit einem rasanten Tempo wird es wieder hell. Und dann geht die Sonne auf. Sie müssen ziemlich weit geflogen sein. Denn diese Gegend hier ist ihr völlig fremd.

Wird jetzt plötzlich der Raketenbesen müde oder liegt es an der wundervollen Landschaft, dass er langsamer fliegt? So ungefähr in dem gleichen Tempo wie ihr alter Besen. Ist sie fast nicht mehr gewohnt. Er gleitet über sanfte, unbewaldete Hügel. Ein wunderbares Grün zaubert sich sogar ohne Hexenkunst in die Landschaft. Im Licht des Sonnenaufgangs glänzen die Steinhügel und sie entdeckt einen Wildbach, an dessen Ufer Steine mit Moos liegen. Wunderschön. Fast schon kitschig. Aber einer Hexe ist ja nichts zu kitschig oder zu glitschig. Aber… Nirgendwo sind Menschen zu sehen. Lebt hier denn niemand?

Wo ist sie? Ihre Neugier packt sie wieder. Typisch Lisbet. Der Raketenbesen fliegt auf einmal noch langsamer. Plötzlich entdeckt sie eine große Wiese mit Schafen. Wunderschöne Schafe. Mit einem schwarzen Kopf. Schlank, elegant, hübsch. So etwas hat sie noch nie in ihrem Leben gesehen. So schön. Lisbet will zu den Schafen. Und aus einem Schaf am liebsten eine große Lammbratwurst und einen dicken Wollpulli zaubern. Denn hier ist es kälter als in ihrem Land. Und Hunger hat sie. Huuunger!!! Wo ist jetzt die Hexe, die gut kochen kann? Hätte sie sich gestern nur mal richtig satt gegessen. Aber sie musste ja weiter. Ihr Besen war ja schließlich kaputt. Und jetzt fliegt sie auf einem störrischen Besen, der noch nicht einmal merkt, dass sie Hunger hat. Oder ist der Besen Vegetarier? Vielleicht sogar ein veganes Exemplar? Selbst im Hexenland ist das jetzt absolut „in". Hexe Mathilda hat sich seit kurzem auf das Zaubern veganer Gerichte spezialisiert – ohne Zusatzstoffe. Statt eingelegten Froschaugen mit gekochten Hühnerfüßen und Hexator-Glutamat gibt es jetzt Schwarzwurzelschalen verquirlt mit wurmfreier Möhrenerde und Bio-Pfeffer. Naja, denkt Lisbet so bei sich. Ein Trend jagt eben den anderen. Soll er doch. Sie bleibt so wie sie ist: Neugierig! Der Raketen-

besen, der jetzt kein Raketenbesen mehr ist, wird müde. Und verliert ständig an Höhe. Wieder klammert sich die Katze fest an Lisbet und beide schauen entsetzt nach unten. Oh nein! Sie schließen beide die Augen, der Raketenbesen trudelt in der Luft. Die Katze und Lisbet halten die Luft an. Hilfe, wir stürzen ab! Raaatsch! Plötzlich ist Ruhe. Es hat ordentlich geraschelt. Und Lisbet hat irgendetwas Hartes an den Kopf bekommen. Doch das Harte hat nachgegeben. Sie öffnet die Augen. Sie sind endlich gelandet. Aber nicht auf dem Boden, sondern in einem Baum. Ein Apfelbaum. Ein großer Apfelbaum! Oh jeh, ist der hoch! Ganz anders als die kleinen Apfelbäume im Hexenland. Und sie ist bei der unsanften Landung mit dem Kopf gegen einen Apfel gekommen. Und der Apfel ist mächtig sauer. Und die anderen Äpfel werden es jetzt auch. Und zwar alle. Lisbet erschrickt. Oh nein, das habe ich nicht gewollt. Der Raketenbesen ist schuld! Blöder Besen! Wegen dir sind jetzt alle Äpfel sauer! Oh nein!

191

Jetzt ist sogar Lisbet sauer! Sie klettert mit der Katze nach unten und nimmt vorsichtig den Raketenbesen mit. Erst jetzt merken die beiden, dass sich die Raketen noch im Baum befinden. Und der Besen so wie ihr alter Besen aussieht. Oder ist er es sogar? Tatsächlich! Der Besen gehorcht aufs Zauberwort und sie fliegen zurück, bevor sie von den Menschen entdeckt werden, die unten vom Tal auf die Obstwiese zulaufen. Und bestimmt mächtig sauer sind. So wie die Äpfel jetzt.

Erst Jahrhunderte später erfährt die kleine alte aber immer noch neugierige Hexe Lisbet, dass sie damals in „Rhönesien" gelandet ist. Und dort seit ihrer Landung die sauersten Äpfel der Welt wachsen. Was sie aber bis heute nicht weiß ist, dass die Rhönesen seitdem aus den sauren Äpfeln etwas ganz Besonderes zaubern. Und das ganz ohne Hexenkunst:

ApfelSherry!

Bratwurst-Gemüse

D ieses Rezept sollte eigentlich gar nicht ins Buch. Eigentlich. Weil es ja gar kein Rezept ist. Sondern eher eine Idee. Also eine Rezeptidee. Jetzt ist mir diese Idee wieder im Internet begegnet. Und da kam ich wiederum auf die Idee, dieses brillant kulinarische Konzept hier zu veröffentlichen.

Was man für ein leckeres Bratwurst-Gemüse benötigt sind natürlich Bratwürste. Gute Bratwürste. Also richtig gute Bratwürste. Du weißt, was ich meine? Okay, dann los.

Bratwürste muss man braten, deshalb heißen die so. Wenn du richtig gute Bratwürste richtig gut anbrätst, dann bekommst du bei Verwendung von rohen Bratwürsten ziemlich geile Röstaromen in der Pfanne. Und das landet mit der Pfanne oft im Spülwasser. Bei mir nicht!

Denn jetzt kommt das Gemüse ins Spiel. Also zum Beispiel Zwiebeln (unbedingt!), Knoblauch, Pilze, Paprika in allen Farbschattierungen, Karotten und alles was man klein schneiden kann und einen kurzen Garpunkt hat. Also fast jede Gemüsesorte. Du kannst natürlich auch einfach das nehmen, was noch im Kühlschrank rumliegt.

So, die Pfanne steht auf dem Herd und die Mucke ist an. Und die Stromrechnung steigt, weil du beides volles Rohr auf-

BSP FOTO

Viel Gemüse
(muss sein!)
(schmeckt danach eh
alles nach Bratwurst)

drehst. Jetzt wird es der Wurst zur Steigerung der Röstaromen in der Pfanne von allen Seiten ordentlich besorgt. Danach darf sie entspannen. Und freut sich auch drauf. Raus aus der Pfanne! Und das Gemüse kommt frisch geschnitten in die Pfanne. Der Bratensatz wird aufgemischt mit Wein aus Äpfeln. Gewürzt wird nach Lust und Laune. Kräuter sind auch gerne gesehen. Mir reicht hier meine Lieblings-Pfeffermischung von Ingo Holland und Urmeer-Salz. Alles gut durchschwenken und fertig. Jetzt brauchst du eigentlich die Bratwurst nicht mehr. Und du fragst mich warum? Ist doch klar! Das Gemüse hat endlich mal Geschmack. Es ist deftig, knackig, dabei immer noch gesund und sättigend. Die Bratwürste essen dann meine Mäxe, also die Kinder. Die mögen kein Gemüse. Außer den Gewürzgurken im Fleischsalat.

Aber natürlich kannst du die Bratwürste auch auf das Pfannengemüse legen und selbst essen. Ein gutes Brot dazu, mit dem du zum Schluss die Pfanne ausreibst.

Perfekt, finde ich. Guten Appetit!